Stephanie Hahn
Hochzeitschaos

BoD

Stephanie Hahn, Jahrgang 1979, ist gelernte Bürokauffrau, verheiratet, Mutter einer Tochter und erwartet ihr
zweites Kind.

Stephanie Hahn

Hochzeits-
chaos

1. Auflage März 2009

Herstellung und Verlag:
Books on Demand GmbH Norderstedt
ISBN: 978 3 837 08789 5

Für meine Tochter Lilli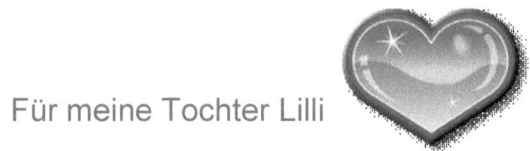

Hallo! Hier geht's um meine kleine Geschichte, die an manchen Stellen wirklich manchmal unglaublich erscheint, es aber nicht ist. Ich kann nur sagen, es ist mir wirklich alles haargenau so passiert, auch wenn man manchmal meinen könnte „da übertreibt sie aber", Nein, ich übertreibe nicht, in keinster Weise. Ich dachte, ich schreibe sie mal nieder, denn eventuell findet sich ja jemand darin wieder und fühlt sich nicht mehr ganz so verrückt und einsam mit seinen Erfahrungen zum Thema „der schönste Tag im Leben". Und nein, es gibt noch mehr Pechvögel – wenn man sie denn so nennen kann, die Leute, denen irgendwie immer was quer läuft – auf dieser unserer Welt.

Im Nachhinein könnte ich mich beömmeln, was alles im Vorfeld und auch am „schönsten Tag in meinem Leben" vorgefallen ist, aber genau in den betreffenden Momenten war es alles andere als komisch.

Ach ja, ich heiße Fiona, bin 26 Jahre alt und arbeite im Büro aus Allroundkraft. Gelernt habe ich den Beruf der

Bürokauffrau, aber wie das nun mal so ist, wenn man in seinem Ausbildungsbetrieb bleibt, man wird „Mädchen für alles". Ich bin also auch so ein „Mädchen für alles", Fiona hier, Fiona da. „Ach, die Fiona, die macht das schon"…

Ich arbeite jetzt seit 6 Jahren in diesem Betrieb und hier habe ich auch meinen nun zukünftigen Gatten kennen gelernt, Jost.
Ich kann mich noch genau erinnern, wie ich als Lehrmädchen am ersten Tag in den Pausenraum kam, um Mittag zu machen und er mir gegenüber saß. Ich wollte ein Gespräch beginnen, aber zwecklos, die Zeitung wurde hochgerissen und somit war's das dann. „blöder Arsch" – das dachte ich in dem Moment. Der kann mich doch mal gern haben, dann eben nicht. Pah!
Man, waren das lange 45 Minuten, das große Schweigen im Wald. Und dabei bin ich doch so eine Quasseltante…

Na ja, ich hatte es ja überstanden und von da an beschlossen, dass ich keine Frühstückspause von 15 Minuten mehr machen wollte, sondern die lieber auf die 45 draufpacken möchte und somit eine Stunde Mittag machen kann. Ja, ich bin eine Frau der schnellen Entscheidungen. Da fackle ich nicht lange.
Das teilte ich dann auch der Chefetage mit, die genehmigten und somit gurkte ich jeden Tag mit meinem kleiner roten Knutschkugel (oder Elefantenturnschuh, wie mein Auto auch genannt wurde) über die Autobahn zu meinen Eltern, denn dort wohnte ich mit 20 Jahren ja noch. So ohne Schotter kann man sich ja nicht wirklich eine eigene Bude finanzieren. Wobei ich sagen muss, dass ich auch gerne mit meinen Eltern zusammenge-

wohnt habe. Ich hatte ein großes schönes Zimmer für mich, einen Telefonnebenanschluss, GANZ WICHTIG natürlich, denn wenn man mit Freundinnen oder gar Freunden telefonieren wollte, hatte man seine Ruhe, Tür zu und fertig. Das weiß ich so genau, weil ich's mal ausprobiert habe, wenn man an das andere Telefon ging, um eventuell aus reiner Neugierde mitzuhören, dann hörte man das auch in meinem Nebenstellentelefon, also nix mit lauschen... Ich hatte meinen Computer mit Internetanschluss bei mir, mein schönes Bett, eine Couch, einen Fernseher, also alles, was man so brauchte. Und jeden Tag gab's lecker was auf den Teller und wenn ich ganz viel Glück hatte, dann wurde meine Wäsche mit gewaschen. Denn eigentlich mache ich das seit meinem 15. Lebensjahr allein. Nur wenn Ma die Maschine mal nicht voll bekam, badete meine Wäsche mit. Unser Verhältnis war auch eher freundschaftlich. Ist es immer noch, nicht das hier falsche Eindrücke entstehen. Wir können über alles quatschen. Na ja, fast alles...

Von daher bin ich gerne in der Mittagspause nach Hause gefahren und habe mir leckeres Sandwichtoast reingezwitschert oder leckeren Mehlpfannekuchen.

Ich muss dazu sagen, dass die Spritpreise zu der Zeit noch erschwinglich waren. Es gab die Deutsche Mark und ein Liter Super kostete 1,19 DM!!! Nicht, dass ich hier für verschwenderisch und verrückt gehalten werde!

Ich hatte bloß keine Lust, jeden Tag von Montag bis Freitag mit einem Kerl in einer Miniküche zu sitzen und an die möchte-gern-weiße-Decke zu starren und mich zu Tode zu langweilen. Da fuhr ich liebe die Hälfte meiner Pause auf der Autobahn, oder noch länger, wenn ich Pech hatte und mal wieder urplötzlich eine Baustelle aus dem Asphalt sprieß. Da war ich auch mal nur zum „Hallo und Tschüß, Baustelle" bei meinen Ellis, wobei sich ein genervtes Gesicht samt Augenroller bei allen Beteiligten nicht vermeiden ließ. Aber das war mir total egal, Hauptsache raus, nach Stunden wieder was anderes sehen und ein bisschen abschalten.

Ich glaube, es war der Reiz des ich-bin-ja-so-unnahbar, dass ich irgendwie anfing, mich für den „wie-ein-Wasserfall-Redenden" Kollegen zu interessieren... für Jost eben. Er war, wenn ich mich recht erinnere, auch einer der letzten Kollegen, mit denen ich per Du war.

Er sprach fast nie, außer das Firmentelefon klingelte, da musste er ja den Mund aufmachen. Was in seinem Privatleben vor sich ging, wusste auch niemand wirklich. Mit allen anderen Kollegen wurde ich ganz schnell warm, vor allem mit den Minijobberinnen, da hatte man wirklich Quatschverbündete gefunden. Wir hatten immer viel Spaß. Aber niemand wusste genaues über den schweigsamen Kollegen Jost. Nun ja, und da ich auch sehr neugierig bin, wollte ich unbedingt mehr in Erfahrung bringen, denn es gab schon die wildesten Spekulationen: Schwul, geschieden und zig Kinder, Lack-und-Leder, eben alles, was sich Menschen so durch den Kopf gehen lassen, wenn sich jemand so unnahbar macht.

Irgendwann heimste ich mir dann seine e-mail Adresse ein und schrieb ihm. Und er antwortete, was ein Wunder, denn damit hätte ich im Leben nicht gerechnet. Aber gut, ok, tippen ist ja auch leichter als reden, wenn ich jetzt mal so genau darüber nachdenke, man kann die Antwort tippen, wenn einem danach ist, beim Gespräch müsste man ja direkt antworten, da ist nicht viel Zeit zum nachdenken oder um sich etwas zu Recht zu legen.

Ich dachte, einen Versuch ist es Wert, aber wirklich daran geglaubt habe ich nie. Was für eine Überraschung, natürlich wurde ich noch neugieriger. Jetzt hatte ich ja wenigstens einen Grund, eventuell noch mal etwas zurück zu mailen so nach dem Motto „Hey, schön, dass Du zurück geschrieben hast, hätt' ich gar nicht gedacht, Du bist ja auf der Arbeit eher schweigsam" oder so. Etwas geistreicher vielleicht…

Aber es kam anders. Wir waren absolut zufällig beim gleichen Anbieter zeitgleich online. Und dann chatteten wir, richtig lange. War das aufregend. Ich fand es richtig spannend. Man wusste ja nie, was da als nächstes auf dem Bildschirm stehen würde. Tagelang verabredeten wir uns auf der Arbeit still und heimlich abends um 18.30 Uhr im Internet und chatteten dass die Tastatur heiß lief. Und dann trafen wir uns privat, wie das eben so ist.

Aber das ging über Jahre, bis wir soweit waren. Ja wirklich, es dauerte JAHRE. Und bis ich dann endlich mal seine Familie kennen lernte, da hatten wir uns auch schon ein Jahr getroffen. Er wurde von meinen Eltern schon „das Phantom" genannt, denn, quasselstrippig wie ich bin, teilte ich meinen Eltern sehr schnell mit, dass es da jemanden in meinem Leben gibt, den ich „demnächst" mal mitbringen würde. Na ja, man kann sich denken, das „demnächst" auch Monate dauerte, von daher „das Phantom", nicht zu verübeln…

Ich weiß nicht genau, wann ich es geschafft habe, ich glaube, es war bei einem Camping-Ausflug, wobei man sagen muss, ICH und Camping, da lachen ja die Hühner, keiner wollte es glauben, dass ich, Luxusweib Graziella in einem Zelt nächtigen würde, ich selbst konnte es eigentlich auch nicht glauben und habe es nur mit einer Falsche Sekt überstanden (ich trinke sonst null-komma-nix, da kann man sich denken, wie abgeschossen ich war), aber ich habe es getan, ich habe mit Jost und seinen Freunden ein Wochenende auf dem Campingplatz verbracht. Und noch mehrere folgten, darüber könnte man eigentlich auch noch was schreiben...

Aber das war, denke ich im Nachhinein, der Durchbruch, denn seine Freunde mochten mich auf Anhieb und das war wohl für ihn sehr wichtig, die Meinung seiner Freunde. Außerdem bin ich zwischenzeitlich dann doch aus dem heimeligen Nest bei meinen Eltern ausgezogen, irgendwie musste nun doch eine eigene Bude her, ich habe auch eine schöne gefunden und schwups, war ich ausgezogen. Und es war eine tolle Zeit in meinen eigenen 4 Wänden, wenn es auch eine kurze war, nämlich nur 1 Jahr. Und irgendwann dann habe ich auch seine Familie endlich mal kennen gelernt.

Ich hatte es irgendwann also geschafft. Ich hatte Jost sozusagen „geknackt".

Lange Rede, kurzer Sinn, der Weg war sehr steinig, eher felsig und nun sind wir endlich an einem Punkt angekommen, an dem viele Menschen ankommen wollen, wir möchten heiraten und den Rest unseres Lebens miteinander verbringen.

Und genau wie schon diese Jahre hier wirklich harte Arbeit waren, genauso war es hart und steinig, bis wir endlich im Standesamt landeten....

2

Als wir uns nun endlich dazu durchgerungen hatten, zu heiraten, schlägt mein Zukünftiger vor, dass wir uns doch schon Ringe zu Weihnachten schenken könnten. Finde ich eine super Idee, denn ansonsten weiß man ja wirklich nicht, was man sich so wünschen kann. Seitdem ich Geld verdiene, kaufe ich mir nämlich eigentlich immer die Dinge, die ich gern haben möchte selbst, ausgenommen natürlich Designer-Klamotten, Villen, Fincas, eine Ferienwohnung in Barcelona – ich liebe diese Stadt -, oder sonstige Dinge, die sich Millionäre denn dann gönnen würden.

Zuerst möchte Jost zur Verlobung, die wir dann auch am 24.12.04 feiern möchten, separate Ringe, quasi Verlobungsringe und später andere Eheringe.

Da ich, typisch Frau, natürlich die Ringpreise kenne - schließlich soll es ja kein Silber sein, sondern schon weißgold - schlage ich vor, die Ringe, die wir uns zur Verlobung schenken wollen doch auch als Eheringe zu nutzen, allein des Preises wegen.

Erst ist Jost nicht wirklich angetan, aber als ich ihm die Preise nenne, stößt er erst einen Seufzer aus und findet es dann auch in Ordnung, die Verlobungsringe später als Eheringe zu nehmen.

Im Internet suche ich, auch typisch Frau, selbstverständlich sofort drauflos. Was gibt es denn so alles Schönes? Wie sind die tatsächlichen Preise? Fragen über Fragen!

Es gibt viele schöne Ringe, allerdings auch viele horrende Preise.

Ich, Labertasche, erzähle am Abend sofort meinen Eltern von unserem Vorhaben. Sie freuen sich sehr. Sie schlagen dann doch tatsächlich vor, uns die Ringe zu Weihnachten zu schenken, da sie sonst auch nicht wüssten, was sie uns schenken könnten.

Ich hab einen ganz dicken Kloß im Hals. Manchmal sind meine Eltern wirklich einfach nur verrückt.

Ich erkläre, ich würde Jost von dem mehr als großzügigen Angebot, das wir eigentlich nicht annehmen können, berichten. Eigentlich geht das wirklich gar nicht, oder?

Gesagt, getan. Nachdem Papa mich zu meiner Wohnung gefahren hat, greife ich sofort zum Telefonhörer und rufe Jost an, um ihm zu berichten. Da gehen allerdings meine Nerven mit mir durch. Wenn es um so etwas Kostbares geht, bekomme ich immer Nervenflattern und fange dann an zu heulen. So also auch jetzt.

Jost schweigt erst, was auch sonst und sagt dann ebenfalls, sie seien verrückt und das könnten wir nicht annehmen, sie könnten eventuell Geld dazutun, aber darüber müsse er erstmal eine Nacht schlafen.

Ich glaube, in dieser Nacht haben wir beide nicht wirklich viel geschlafen.

Schließlich habe ich nochmals mit meinen Eltern gesprochen, aber sie wollen uns unbedingt die Ringe schenken.

Von dem Kurs kann man sie irgendwie nicht mehr abbringen.

Also nehmen wir das viel zu große Geschenk an und machen uns auf die Suche.

Da wir dir Ringe nicht übers Internet beziehen möchten, sondern sie gerne erst an unseren Fingern sehen wollen (wer weiß, nachher gefallen sie uns an unseren Wurstfingern nicht, und dann?), fahren wir an einem Samstag im Dezember in die City.

Zuerst aber steuern wir DEN Schmuckladen vor Ort an.

Das Hauptgeschäft befindet sich etwas außerhalb der City. Da wir kurz vor Weihnachten stehen, ist es dort recht voll, denn von dort kann man auch ausgewähltes Porzellan etc beziehen. Alles sehr teuer und glänzend. Die eventuell ausgestellten Ringe finden wir nicht, es hat auch kein Verkäufer Zeit, also gehen wir wieder.

Um ehrlich zu sein, der Laden war, denke ich auch eine Nummer zu groß für unser veranschlagtes Budget, denn, auch wenn wir die Ringe geschenkt bekommen, niemals würden wir deshalb die exklusivsten und teuersten nehmen. Das wäre einfach nur frech.

Wir zockeln in die Stadt.

Auch hier ist eine dieser Nobel-Filialen, die wir dann ansteuern.

Aber hier sind wir auch wieder schnell draußen, denn die Ringe sind quasi unbezahlbar, hier kostet 1 Ring soviel wie 2 im Internet (etwas vergleichen muß man ja auch).

Also zum anderen Händler, da gibt es mittlerweile schöne individuelle Ringe, ähnlich denen aus dem Kinohit „Der Herr der Ringe". Da werden die Namen des jeweiligen Partner nicht innen graviert sondern sichtbar Außen. Und wenn man möchte, dann auch das Datum. Die finde ich recht schön. Aber als wir die Preise dazu sehen, sind wir auch schnell wieder draußen.

Dann fragt man sich natürlich, wo man noch hingehen soll.

Da fällt Jost noch ein weiterer Juwelier im hiesigen Einkaufscenter ein.

Mittlerweile könnten wir bereits Kilometergeld beantragen...

Aber irgendwie ist hier auch nicht wirklich das Richtige dabei, und die Verkäuferinnen waren auch restlos von anderen Kunden belagert und kein Ende in Sicht.

Also verlassen wir auch diesen Laden wieder.

Wohin jetzt?

Grübel, grübel

Ich weiß nicht mehr wer auf die Idee mit dem türkischen Juwelier gekommen ist, aber wir sind zu diesem Geschäft gewatschelt, haben uns (schüchtern wie wir sind), erstmal die Schaufensterauslage angeschaut. Da haben wir auch glatt mehrere Ringe gefunden, die uns gefielen. Ganz ausgefallene, schlichte etc. Mal was ganz anderes, ich war wirklich begeistert, denn solche hat nun mal wirklich nicht jeder. Und alle zu einem bombastischen Kurs. 50% günstiger als bei dem Nobeljuwelier oder den anderen.

Ich kam nicht umhin mich zu fragen, wie dieser Juwelier solche Preise machen konnte. Aber was soll ich mir darüber den Kopf zerbrechen. Es ist uns egal, es sind 585er Weißgoldringe, also gehen wir einfach mal rein.

Wir müssen auch gar nicht warten, alles läuft wie am Schnürchen. Wir lassen uns mehrere Ringe zur Auswahl geben. Als wir sie gerade probieren, klingelt Jost's Handy. Es klingelt nicht oft, fast nur, wenn Manni Fußball gucken ist oder war und kurz Meinungen austauschen möchte.

Also warum gerade jetzt? Typisch.

Ich möchte nicht alleine entscheiden, welche Ringe wir nehmen, nein nein, nicht mit mir. Das ich mir dann in alle Ewigkeit anhören kann „Du wolltest doch genau diese Ringe haben…". Nee nee…

Nach Stunden, so kam es mir zumindest vor, ist das Gespräch endlich beendet und wir können weiterprobieren.

Ich muss Ringe immer an beiden Händen sehen. Ich habe nämlich kleine Hände und wie ich finde Babyfinger, da geht manches Schmuckstück gar nicht. Also testen, anprobieren, schließlich ist es ja gut möglich, dass sie bei dem einen total gut aussehen und bei dem anderen den Finger dermaßen unvorteilhaft betonen, dass man sich für den Ring schämen muss. Das muss nun wirklich nicht sein, oder?

Zum Schluss haben wir 2 Paar in der engsten Auswahl.

Für die Ringe, die wir jetzt haben, haben wir uns dann schnell entschieden, denn ich fand den anderen ausgewählten Ring zwar an Jost's Hand richtig schön, aber nicht an meiner. Meine Finger haben dafür einfach nicht die richtige Form, Babyfinger eben.

Also haben wir uns dann, wie ich trotz allem finde, doch recht zügig für die Ringe fürs Leben entschieden.

Der Verkäufer fragt uns, bis wann wir die Ringe benötigen.

Bis kurz vor Weihnachten natürlich.

Das sollte denn auch klappen.

Die Gravur würde er dann vor Ort machen.

Die Ringe sind bestimmt in der Türkei hergestellt, ansonsten wäre dieser Preis nicht möglich, oder unsere deutschen Geschäfte haben einen derartig hohen Gewinn…

Jost bezahlt die Ringe sofort und bekommt die Quittung, die Gravur wird auch sofort mitbezahlt.

Erleichtert verlassen wir den Juwelier.

… ich berichte meinen Eltern, und mein Paps findet natürlich, dass wir doch mehr Druck hätten machen können, so dass die Ringe nicht auf dem letzten Drücker kommen… Immer was zu meckern… TzTZ… typisch Paps, am besten nächstes Mal mitnehmen…

Kurz vor dem eigentlich angeschlagenen Abholtermin sind wir eh und je in der Stadt und gehen einfach mal unverbindlich ins Geschäft. Samstag war das. An dem Samstag wollen wir nämlich auch die Bilder für die Einladungskarten bei meinen Eltern machen. Und wäre es da nicht schön, wenn die Ringe schon da wären? Dann könnten die gleich mit aufs Bild.

Aber: Ich hab teilweise schon den wahnsinnigen Gedanken, dass wir die Ringe nie bekommen. Hätten wir vielleicht doch nur eine Anzahlung leisten sollen? War es richtig, alles auf einmal zu zahlen? Man hört und liest ja die absoluten Horrorgeschichten diesbezüglich. Ich hoffe, wir werden nicht übers Ohr gehauen. Das wäre ja wieder typisch.

Oh neee…

Naja, jedenfalls gehen wir ins Geschäft, und siehe da, die Ringe sind schon eingetroffen, nur noch nicht graviert.

Jost fragt, ob das an diesem Tag noch möglich wäre.

Und siehe da, nach 30 Minuten können wir die gravierten Ringe dann abholen. Hui, was ein Glück, keine weitere Horrorgeschichte für die Presse, wir haben die Ringe!!!

Naja, nur noch nicht in der Tasche, aber gesehen haben wir sie ja schon.

Wir holen die Ringe nach 45 Minuten ab. Der Juwelier hat sogar eine schöne Schriftart ausgewählt, Schreibschrift. Nicht auszudenken, wenn es normale Druckbuchstaben gewesen wären, igitt. Aber danach zu fragen, auf die Idee bin ich natürlich im Laden nicht gekommen. Also konnte ich nur hoffen… Aber zum Glück ist ja alles glatt gegangen. Juhuu!!!

Also fahren wir zu meinen Ellis zum Fotoshooting…

Leider regnet es…

3

Wir sind angekommen, bei meinen Eltern, nach einer wirklich mehr als nervigen Regenfahrt auf der Autobahn. Also ich muss ja sagen, manche Leute kann ich nicht verstehen. Zockeln mit 60 – wenn man denn Glück hat – über die Autobahn, nur weil es regnet. Die werden dann logischerweise von Brummis überholt, welche somit wiederum die mittlere Spur belagern, so es denn eine mittlere Spur überhaupt gibt. Bei 2-spurigen Autobahnen ist der ganze Spaß ja noch viel größer, da kommt man an den Brummis ja gar nicht erst vorbei, sondern muss brav und genervt hinterher schleichen. Nun ja, in diesem Fall haben wir allerdings nicht solch ein großes Pech, denn es handelt sich um eine 3-spurige Autobahn. Also fährt die sich ans rechtsfahrgebot-haltende Fiona, ja genau, ich, erst von der rechten Spur auf die mittlere Spur, um dann statt 'nem Regenschleicher einen Brummi vor mir zu haben und dann auf die ganz linke Spur. Ich weiß nicht, ob Jost so angetan ist von meiner Raserei, er kann ohne Brille im Regen schlecht sehen. Aber ich habe keine Lust hier rumzueiern. Ich denke mal, es ist schon in

Ordnung. Zumindest sagt er nichts, aber das ist ja quasi sein Erkennungszeichen...

Also: angekommen. Meine Eltern können sich ja stolze Digitalkamera Besitzer schimpfen, daher planen wir, die Bilder für die Einladungskarten mit ebendieser Digicam zu schießen. Meine Ma hat ein gutes Auge und somit sollte es kein großes Problem darstellen. Schließlich kann man sich das Ergebnis ja auch sofort auf dem PC oder am TV-Bildschirm „in groß" anschauen und muss nicht erst auf die Entwicklung warten und bangen, ob überhaupt ein brauchbares Bild dabei ist. Jaja, die Fortschritte der Technik von heute. Ich bin ja mittlerweile auch begeisterte „Digicamerin" und schieße, was das Zeug hält Fotos. Das ist aber mein Hobby.

Stellt sich nur die Frage, wo wir die Fotos machen sollen. Immerhin stehen wir kurz vor Weihnachten. Im Dezember Außenaufnahmen in Deutschland zu machen ist, denke ich, nicht wirklich empfehlenswert. Grau in grau und nasskalt sind nicht die Besten Voraussetzungen für schöne Bilder, nicht wahr?

Also entschließen wir, die Fotos im Flur der Wohnung meiner Eltern zu machen. Zum einen recht geräumig, zum anderen gut ausgeleuchtet.

Jetzt bräuchten wir eigentlich nur noch einen gescheiten Hintergrund.

Und auch da findet sich schnell ein von Ma gekaufter, blauer Dekostoff, den wir gut über den hohen Schrank schmeißen können.

Jetzt nur noch das Lächeln ölen, diverse Posen ausprobieren und los geht's.

Zuerst versucht Paps sein Glück. Die ersten Bilder sind nicht wirklich gut, zum einen schauen wir noch reichlich dusselig – zusammen die Augen aufzuhalten und gleichzeitig zu lächeln ist bei 2 Personen schon recht beschwerlich – zum anderen sind sie leicht verwackelt. Also übernimmt Ma. Und schießt und schießt und schießt was das Zeug hält.

Nach unterschiedlichen Posen schauen wir uns das Ergebnis zusammen am PC an. Es sind wirklich schon viele nette Bilder dabei, aber wir legen noch einmal los. Diesmal legt sich meine Ma noch motivierter ins Zeug, steigt auf eine kleine Leiter, um auch andere Blickwinkel auszuprobieren. Sie ist richtig bei der Sache und es macht ihr mehr und mehr Spaß, zumindest ist sie voll in Fahrt, knipst in einem durch und gibt Anweisungen „Hand mehr nach rechts, Kopf schräger, nicht so gekünzelt lachen" und so weiter. Langsam aber sicher bekomme ich schon halbe Gesichtskrämpfe, denn immer schön lächeln ist echt harte Arbeit. Model möchte ich auch nicht sein. Jost sieht auch schon nicht mehr so taufrisch aus. Es ist wirklich anstrengend.

Nachdem wir dieses Shooting beendet haben, pusten wir erstmal richtig durch und freuen wir uns auf das Ergebnis am PC. Und man kann wirklich nur staunen, durch den durchgängigen Hintergrund, die guten Lichtverhältnisse und das gute Auge meiner Ma sind einige klasse Fotos dabei. Die Ränder etwas wegschneiden (ich kann die digitale Fotografie wirklich nur loben) und schon hat man viele schöne Bilder.

Nun stellt sich natürlich die Frage, welches Bild wir für die Einladungskarten nehmen sollen. Gar nicht so einfach.

Wir wollen nicht allein entscheiden, allein schon, weil wir uns nicht anhören wollen, dass wir uns nicht für das beste Bild entschieden haben. Also wählen wir zusammen mit einer Jury aus. Zur Jury gehören selbstverständlich meine Eltern, meine beste Freundin Hanna (auch die Trautzeugin), ihr Freund Piet (der Trautzeuge) und Alex.

Meine Eltern und wir haben mehrere Favoriten, die wir allesamt ausdrucken lassen, um die auf Papier beurteilen zu können. Diese Ausdrucke legen wir dann den anderen dreien vor.

Die geübten Augen haben dann doch noch was zu meckern. Alex meint bei einem Bild, wir sähen aus wie Schwester Stefanie und Doktor Bruckner.

Selbstverständlich ist dieses Bild AUSGESCHIEDEN, obwohl es Paps Favorit war.

Aber wie ein Ärzteserien-Titelbild sollen unsere Einladungskarten nun doch nicht aussehen. Also weg damit.

Bei dem nächsten Bild fällt Hanna spontan mein „Nussknackerkinn" störend ins Auge. Klasse. Ok, ich gebe zu, mein Kinn kann man schon als markant bezeichnen, aber so schlimm?

Sie hat Recht, leider. Ich sehe tatsächlich wie ein Nussknacker aus. Na da kann Weihnachten ja kommen... Selbstverständlich ist das Nussknacker-Kinn-Bild auch AUSGESCHIEDEN! Wobei ich zu meiner Verteidigung sagen muss, dass es an den Licht-Schatten-Verhältnissen lag, dass mein markantes Kinn so extrem in den Vordergrund getreten ist. Sieht man mich auf der Strasse, sehe ich nicht wie ein Nussknacker aus, hoffe ich doch!!!

Bei allen anderen Bildern war auch immer irgendetwas, zu viel Schatten an der Nase oder was auch immer.

Trotzdem fällte die Jury das Urteil, dass prinzipiell alle Bilder schön seien und wir doch selbst sehen müssten, welches wir nun favorisieren würden. Alle vier hatten nämlich ein anderes Foto als das Beste bezeichnet.

Hervorragend! Also hing die Entscheidung doch wieder an uns beiden. Und als ich dann meinen zukünftigen Mann befragte, welches er nehmen würde, meinte auch er, ich solle entscheiden, er wüsste auch nicht und fände mehrere akzeptabel.

Na gut, dann entscheide ich eben wieder.

Ich kam nicht umhin mich zu fragen, warum ich andere überhaupt dazu befragt habe...

4

Nun gut, ich habe mich für ein Bild entschieden. Das wird es nun und ich bin mit der Auswahl zufrieden. Zumindest im Moment. Ach, das wird es jetzt und damit hat sich die Sache. Basta! Und wehe, es kommen irgendwelche Beschwerden...

Da ich die Einladungskarten selbst gestalten möchte - so ist das ja, wenn man eigentlich zu viele Ideen im Kopf hat... - möchte ich diese selbstverständlich mit eben diesem Foto und unverzichtbar auch mit einem Text ausstatten. Nur: welchen Text nehmen wir? Es ist ja allseits bekannt, dass man immer ein Sprüchlein in die Karte schreibt, gehört eben seit eh und je zur Gestaltung der Hochzeits-Einladungskarte dazu.
Grübel, Grübel...
Ich möchte natürlich keinen Kartentext verwenden, der auch in den kaufbaren Einladungskarten abgedruckt ist, auch wenn manche wirklich schön sind. Ich möchte einfach eine ganz individuelle Karte für unsere Hochzeitsein-

ladungen gestalten. Da mir aber ad hoc kein Text einfällt und von denen, die ich mir im Internet durchlese auch keiner wirklich zusagt und passend erscheint, schweifen meine Gedanken weiter. Und ich komme nicht umhin mich zu fragen, welche Farbe die Karte haben soll. Und der Umschlag erst. Einerseits soll dieser am besten nicht dieselbe Farbe haben, muss aber andererseits auch zur Karte passen.

Natürlich habe ich nach langem hin-und-her endlich DIE ultimative Einladungskombination gedanklich gefunden. Gedanklich, wohl bemerkt. Ich stelle mir Rot-Chamois-Mamora als Karte und dazu passend in rot oder chamois den Umschlag vor. Ich weiß, dass es grau-mamora gibt, ebenso blau-mamora. Da wird es doch wohl auch rot-mamora geben, oder etwa nicht?

Gibt es, wie selbstverständlich, natürlich nicht. Das ist ja wieder super.

Wie ständig in letzter Zeit, schnellt auch jetzt mein Blutdruck in die Höhe und ich ärgere mich unbeschreiblich. Warum gibt es denn dann blau-mamora? Würg.

Mein Arbeitskollege lacht sich über meine Verärgerung fast krank, gibt mir dann aber eine Farbtabelle, damit ich mir Alternativen aussuchen kann. Alternativen – danke sehr. Super. Sind wir nicht alle ein bisschen alternativ? Wirklich mehr als ärgerlich. Ich müsste mal „die Maus" befragen, warum es kein rot-mamora auf dem Markt gibt. Ich kann doch schließlich nicht die einzige sein, die diese Farbkombination toll findet. Nein, das kann ich mir beim besten Willen ganz und gar nicht vorstellen. Aber egal!

Also blättere ich, und blättere. Da sind so viele für mich schäbige Farben dazwischen, ich bin ja bekanntlich kein

Grün-Fan, außer bei Pflanzen, da kanns nicht grün genug sein, aber ansonsten ist Grün nun mal nicht meine Farbe. Bei anderen ok, aber nicht bei mir. Also die schon mal abgeschmettert, nebenbei kurz angemerkt, es gibt natürlich zig Grün-Töne, zig!

Ich mag selbstverständlich auch sehr gerne blau, es gibt ja auch so viele schöne Blau-Töne, aber für eine Hochzeitseinladung? Blau ist mir da einen Tacken zu kühl. Eine Hochzeit ist doch was fürs Herz, da passt eine kühle Farbe meiner Meinung nach nicht.

Ich favorisiere ja rot. Rot ist die Liebe, warm. Ich wollte ja auch rot-mamora. Also nehme ich mir sämtliche, in dieser Farbtabelle vorhandenen Rot-Töne vor. Zu grell, zu hell, zu dunkel, zu sehr ins Lila, zu sehr ins Braun, Tomatenrot, nee, einfach nur unpassend. Ah, da sind 2 Töne, die mir gut gefallen, schöne, warme Rot-Töne. Einmal etwas heller weinrot, einmal dunkler weinrot. Die nehme ich. Ich zeige sie Jost, der leider auch nicht verstehen kann, was ich für ein Brimborium darum mache. Es sind ja NUR unsere Hochzeitseinladungskarten. Tztz.

Er überlässt mir den kreativen Part, er weiß ja auch, dass ich das gerne mache und er weiß auch, dass ich nach all dem Ärger und Stress nachher alles ins Lot bringe und selbst zufrieden bin. Er findet die Rot-Töne also auch ok.

Da stellt sich für mich nur noch eine Frage. Dunkle Karte, hellerer Umschlag oder helle Karte und dunklerer Umschlag? Nun ja, ich gebe es ja zu, ich bin selbst Schuld an meiner Lage, warum muss ich auch unterschiedliche Farben nehmen? Aber es ist auch ganz einfach zu erklären, es sieht einfach tausendmal schöner aus, individueller, nachhaltiger.

Nach abendlicher Beratung mit meiner Mutter entscheide ich mich für die hellere Karte mit dem dunkleren Umschlag. Und mal wieder eine schlaflose Nacht weniger...

Mein Arbeitskollege bestellt diese dann auch am nächsten Morgen und meint, die Sachen würden schon am nächsten Tag geliefert werden. Super, das klingt doch gut. Nach der ganzen Kopfzerbrecherei mal wieder eine gute Nachricht.

Am nächsten Tag dann die Ernüchterung. Es wurde eine falsche Farbe geliefert. Auch das noch. Aber eigentlich, wenn ich es recht bedenke, das war doch klar, oder nicht? Ist doch typisch. Das fängt ja schon wieder gut an...
Also regt sich mein Arbeitskollege auch einmal eine Runde auf und bestellt noch mal ganz neu. Reklamationen dauern ja leider bekanntlich immer eine halbe Ewigkeit. Und da mein Kollege mich kennt, weiß er, dass ich in dieser halben Ewigkeit, sehr sehr anstrengend werden kann...

Am nächsten Tag kommen dann die Richtigen. Zum Glück!
Ich denke, sonst hätte ich höchstpersönlich diesen inkompetenten Lieferanten angerufen und dem mal gehörig meine Meinung kundgetan. Obwohl wahrscheinlich derjenige, der meinen bitterbösen Anruf entgegennehmen hätte müssen, gar nicht der Schuldige gewesen wäre. Wäre mir aber trotzdem egal gewesen, irgendwer hätte meinen ganzen Frust abgekommen, auch, wenn es sich um die falsche Person gehandelt hätte...

Also steht, nach kleineren Pannen und leichter Verzögerung der Kartengestaltung nichts mehr im Wege, schließlich müssen die auch früh genug raus...

Ja, und was fehlt mir noch zum Kartenglück? Richtig, der passende Text. Es ist ja nicht so, als hätte ich mir keine Gedanken mehr über den Kartentext gemacht. Ich habe zwischenzeitlich auch schon viele Leute damit genervt. Vor allem Netti. Aber Netti ist sozusagen auch kein Deut besser als ich. Also ist sie meine Verbündete und gibt mir viele Ratschläge und bringt Beispieleinladungen mit, die auch selbst gestaltet wurden. Aber ich habe ja mittlerweile schon genauere Vorstellungen...

Also beschließe ich, eine Textpassage aus „Weißt du eigentlich, wie lieb ich dich hab" als Kartentext auszuwählen. Jost ist erst kritisch, schmunzelt, aber dann lässt er mir wieder freie Wahl. Selbst Schuld. Dann mache ich das jetzt so, wie es mir gefällt.
Und ich find die Passage gut, vom kleinen und vom großen Hasen. Irgendwie passt das gut zu uns.
Also frag ich nur noch Netti, ob man auch so einen Text nehmen kann, sie findet den Ausschnitt auch gut und meint ebenfalls, dass das gut passen würde.

Also präsentiere ich die Passage meinen Eltern. Mein Vater ist sofort total angetan und auch meine Mutter findet den Text passend. Endlich mal ein Part, der sofort bei allen, die ich dazu befrage Zustimmung findet.

Also ist der Text genehmigt.

Und ja, ich suche sozusagen immer Bestätigung für meine Vorhaben. Ich sichere mich gerne ab, sagen wir es mal so. Ich mag nämlich kein Gerede der Art „warum hast du das nicht so-und-so gemacht?"
Nein danke, das würde mir auch noch fehlen, also nerve ich im Vorfeld meine Mitmenschen, die mir nahe stehen mit meinen Ideen und lasse sie absegnen. Sicher ist sicher.

Da die meisten Einladungskarten ja das Bild des zukünftigen Ehepaares direkt auf der vorderen Klappe haben, möchte ich das – oh Wunder - selbstverständlich nicht. Ich will ja schließlich keine 0-8-15-Karte. Also überlege ich mal wieder und grüble, wohin mit dem Foto, wohin mit dem kleiner-und-großer-Hase–Text und wohin mit dem Einladungsanschreiben?

Nach mehreren Versuchen hab ich mich dann endlich dazu durchgerungen, auf die vordere Klappe, dass, was man sofort sieht, wenn man die Karte aus dem Umschlag zieht, den kleiner-und-großer-Hase-Text zu drucken, auf die linke Innenseite das Einladungsschreiben und auf die rechte Innenseite das Foto zu kleben. Auf der Rückseite ist dann immer noch gut Platz für eine eventuelle Wegbeschreibung, wenn wir denn endlich wüssten, wo wir feiern wollen…

Tja, jetzt geht's los, wo wird gefeiert? Ist ja auch wieder so eine Sache.

Eigentlich wollte ich immer nur im kleinsten Kreise feiern. Da wir auch nur standesamtlich heiraten werden, würde ich gerne nur mit Eltern, Geschwistern und Trautzeugen schön chic essen gehen und den Tag nett in kleiner aber geselliger Runde ausklingen lassen. Aber Jost ist diesmal nicht meiner Meinung. Leider, muss ich schon sagen. Denn er möchte die ganze Sache gerne groß aufziehen. Räumlichkeiten mieten und zig Leute einladen. Damit kann ich mich ja gar nicht anfreunden. Ich würde das ganze gerne klein halten und lieber eine tolle Schiffsreise machen. Aber wie das ja so ist, man kann ja nicht immer mit dem Kopf durch die Wand und somit setzen wir uns zusammen und machen eine Liste, wer alles eingeladen werden soll zu dem rauschenden Fest. Wir kommen dann auf um die achtzig Person, hui, nicht übel. Bei meiner Variante wären wir fünfzehn Leute gewesen, aber gut, soll sich Jost mal umhören, was es denn für Locations für uns gibt…

Ist es denn zu fassen? Wir haben uns endlich zu einer Räumlichkeit durchgerungen, nachdem ich schon einen halben Nervenzusammenbruch erleiden musste, da so Räumlichkeiten wie Jugendgesellschaftsräume, mit schäbigen, uralten braunen Holzrahmen-Möchtegern-Sesseln und Schul-Linoleum-Böden, oder aber gar ein Taubenzüchtersaal vorgeschlagen wurde: Drei weiße Tauben, die scheißen dich zu, gurrugurruguuuuu. Horror. Und an den Wänden hängen womöglich auch noch Bilder der tollen Viecher, die irgendwelche Auszeichnungen erhalten haben, ne also, dass muss ich echt nicht haben. Bei Taubenzüchtersaal hört bei mir der Spaß auf, wirklich. Taubenzüchtersaal, grausam. Das war wirklich mit der Schlimmste Vorschlag, den mir Jost hat machen können. Das ich davon keine Alpträume bekommen habe, grenzt an ein Wunder.

Schrebergärten sind bei mir sofort als Vorschlag abgeprallt, weil ich keine Lust auf Anno-Spack-Sanitäranlagen habe. Auch die Schmiede, die Räumlichkeit, in der mein zukünftiger Schwager seine Hochzeit nachgefeiert hat, fällt für mich definitiv aus! Ich möchte meinen weiblichen Gästen und auch mir nicht zumuten, auf gitterbehimmelten toilettensitzfehlenden WC's ihre

Notdurft zu verrichten, das fand ich damals schon schrecklich ekelig. Man stelle sich das mal vor, im 21 Jahrhundert stehen da immer noch pure Toilettenschüsseln, Stand-WC's nur mit diesem schwarzen Gummi, das man sich da dann auch hätte sparen können, bezogen in solchen Räumlichkeiten rum. Eng, vergittert, ekelig, ne, das kann man doch zu so einem Anlass niemandem zumuten. Und der Raum zum feiern ist auch eher kühl, Kopfsteinpflaster als Bodenbelag und ansonsten eher sehr rustikal ausgestattet, also Stühle und Bänke ohne Polster. Auch nicht wirklich das wahre für meine Ansprüche, wohl bemerkt, wer's mag, in Ordnung. Bin ich ein Luxusweib? Ich finde nicht, ich habe einfach nur ganz genaue Vorstellungen, wie ich es nicht haben möchte. Bei Geburtstagen oder so wäre es was anderes, Geburtstag hat man jedes Jahr, aber heiraten tut man doch in der Regel nur einmal im Leben, obwohl ja Statistiken belegen, dass jede 3te Ehe geschieden wird. Alles Luschen, Zoff, Zank und Streiterei gibt's immer mal, warum soll man da gleich alles hinschmeißen? Anders sieht's natürlich bei Untreue aus, HackHack ZackZack Dingsbumms ab, und dann wird sofort alles andere in die Wege geleitet, so geht das ja nicht!

Dann sind da noch die Kirchensäle. Die sind in der Regel auch immer recht sauber, aber da kommt man in unserem jetzigen Wohnort nicht ran, weil mein Zukünftiger nicht mehr in der Kirche ist und ich noch in meinem alten Wohnort gemeldet bin, also nichts zu machen. Ich weiß auch, dass in meinem Noch-Wohnort alles gar kein Thema wäre, da würden wir sofort in der Kirchengemeinde, in der ich noch gemeldet bin, den Saal bekommen, einen wirklich schönen, großen, mit allem Zick und Zack, aber in meinem Wohnort können wir ja nicht feiern. Da wüsste ja irgendwie keiner, wie dahin zukommen sei. Dazu sage ich jetzt nichts Näheres, nur, dass es genau 25 km sind, die von ein paar Leuten überwunden werden müssten, aber das ist ja unzumutbar. Ich hoffe, es wir mir nachgesehen....

Na ja, nachdem ich dann ein paar Mal nahe des Wahnsinns war – besonders bei dem Taubenzüchtersaal - weil ich tatsächlich nur solch unbrauchbare Vorschläge erhalten habe und Kirchensäle eben einfach so wegfielen, bekommen wir es endlich doch noch auf die Reihe

Nun, lange Rede kurzer Sinn, wir haben uns dann für ein Hotel in einer ganz anderen Stadt (!) entschieden. Das hat aber auch lange gedauert. Der Vorschlag kam von meinem Paps, die Idee war gut, der Preis selbstverständlich etwas höher, aber dafür musste man sich ja schließlich auch um kaum was kümmern, hätte man noch mehr gezahlt, man hätte sich um nichts mehr kümmern müssen, aber ich muss ja etwas rumprutschen, so ist es schon ok, schließlich hat man dann ja auch mehr Kontrolle, ob auch wirklich alles so wird, wie man sich das so vorstellt.

Bis zu diesem Punkt war ich teilweise schon so mit den Nerven runter, dass ich den ganzen Tag auf der Arbeit nichts mehr gesagt habe. Man hat mich besser auch nicht angesprochen. Natürlich waren alle schon neugierig, wo wir denn nun feiern wollen und haben trotzdem oder gerade deshalb auch ständig gefragt. Ich habe jedenfalls gar nichts mehr gesagt sondern nur noch vor mir hergebrodelt, wie ein Vulkan, kurz vor dem Ausbruch. Ich sage nur: Taubenzüchtersaal und gurrugurruuuu…

Eines Abends, zu Hause bei meinen Eltern war dann leider der Vulkanausbruch.

Sie waren schon sehr schockiert ob meines Verhaltens, kein Wunder, auf die simple Frage, wie es mir gehe, schossen mir nur auf der Stelle unendlich viele Tränen in die Augen. Sprechen konnte ich auch vor Wut und Enttäuschung nicht mehr, meine Stimme war einfach erstickt. Und ich wusste, wenn wir das Kleid nicht gerade eben bestellt hätten, was ja auch an eine halbe Katastrophe für mich grenzte, hätte ich alles abgesagt. Einladungen waren natürlich noch nicht raus, wegen der fehlenden Räumlichkeiten, lediglich der Termin war schon festgelegt und beim Standesamt dementsprechend vorreserviert.

Wie fantastisch ist es doch, Eltern zu haben, mit denen man sich hervorragend versteht, denn so habe ich mich Fluchenderweise bei meinen Eltern ausgeschüttet, gemeckert, was das Zeug hält und an allem gezweifelt, an dem man nur zweifeln konnte. Mein Paps hatte schon die schlimmsten Befürchtungen, aber da war ich auch kurz davor, alles hinzuschmeißen. Ich kam nicht umhin mich zu fragen: Wie soll es weitergehen?

-8-

Ich muss mir sogar schon vorwerfen lassen, dass ich nichts anderes mehr gelten lassen würde, ich hätte mir diesen Veranstaltungsraum in den Kopf gesetzt und würde meinen Dickschädel unbedingt durchsetzen wollen.

Das hatte doch nichts mit Dickschädel zu tun. Diese Aussage von meinem eventuell zukünftigen Gatten hat mich doch sehr enttäuscht und geschockt. Soweit eben, dass ich nichts mehr zu sagen hatte, für mich war alles gesagt und ich wusste wirklich nicht mehr weiter... Ein paar Tage später, voller Ignoranz meinerseits - ich muss dazu sagen, dass ich wirklich so was von ignorant sein kann, wen ich verletzt wurde, wobei ich finde, dass das ja wohl mehr als nachvollziehbar ist, oder etwa nicht? - ist ihm wohl die Erleuchtung gekommen. Ich weiß nicht, ob er sich mit Manni oder irgendjemandem sonst unterhalten hat, oder ob er es mit sich selbst ausgemacht hat. Jedenfalls brach er dann das Schweigen im Försterwald und wir unterhielten uns. Und urplötzlich war diese Location in einer ganz anderen Stadt gar nicht mehr so abwegig. Schließlich hätten ja alle ein Auto, könnten Fahrgemeinschaften bilden oder sich auch ein Zimmer mieten. Denn prinzipiell war es doch so, dass wir uns doch keinen Kopf darum zu machen brauchen, wer wie wohin kommt, oder? Die Räumlichkeiten müssen uns, den Hauptpersonen des Tages doch zusagen. Und wenn diese Räumlichkeiten eben in einem anderen Ort stehen, dann stehen sie eben da und alles andere lässt sich auch immer irgendwie arrangieren.

Natürlich war es auch für keinen der Gäste ein Problem, als wir den Ort der Feier bekannt gaben. Alle waren begeistert in einem Hotelsaal zu feiern, vor allem, weil das Hotel auch noch verkehrsgünstig an einer Autobahnabfahrt liegt und es dort unzählig viele Parkplätze gibt, wodurch man sich dahingehend schon mal keinen Kopf mehr zu machen braucht. Ich vermute, dass war der Knackpunkt bei Jost. Ich denke, dass war es, was ihn so sehr beschäftigt hat, ob es für seine Leute ok ist. Und das war es, zweifelsohne. Also waren nun alle Punkte für die Einladungskarten endlich erfüllt. Nun konnte der Druck starten.

Wie sollte es anders sein? Natürlich habe ich die Karten samt Bildern selbst gedruckt. Wenn man schon allein gestaltet und über einen Fotodrucker verfügt, dann geht man zu keinem Drucker. Also lief mein Drucker heiß. Aber alles lief wie am Schnürchen. Zum nächsten Wochenende hin hatte Jost dann auch alle Adressen seiner weiter weg wohnenden Verwandtschaft zusammengetragen, die selbstverständlich auch mit uns feiern sollen. Und so lief ich zum Postamt, kaufte zig Briefmarken, ging wieder nach Hause und bastelte die Einladungskarten fertig.

Dann mussten nur noch alle eigenhändig von Jost und mir unterschrieben werden, die Umschläge beschriftet und die Briefmarken draufgeklebt werden und ab ging die Post. Unsere Arbeitskollegen luden wir auch ein. Aber da machten wir einen Aushang an mehreren Türen. Aber vorher mussten wir unser Vorhaben ja noch unseren Bossen mitteilen, denn die waren bisher ja auch noch nicht eingeweiht...

Wir verabredeten, dass wir uns in der nächsten Woche mit unseren Bossen zusammensetzen wollen um ihnen die frohe Botschaft zu verkünden. Ich war schon ganz hibbelig. Was würden sie sagen, wie würden sie reagieren? Ich fand das ganze ungemein spannend. Der Tag X kam. Zufällig waren beide Bosse auch gerade in einem Büro, als wir die Chance nutzten um dazu zu stoßen. Meine Güte, war ich aufgeregt. Das Reden überließ ich erstmal Jost, er war schon länger in der Firma beschäftigt. Mein Part war dann, die Einladungskarte zu überreichen, das würde ich nervöses Hemd dann wohl noch zustande bringen. Jost bat kurz um Aufmerksamkeit, teilte dann erst mit, dass wir zusammenziehen würden, was den Bossen schon ein baffes Gesicht bescherte um dann direkt hinterher zu schieben, dass das noch nicht alles sei, und dann kam mein Part, ich überreichte den Umschlag. Er wurde auch sofort geöffnet und da klappten die Kinnladen beider Bosse nur noch runter. Der Anblick war wirklich zum zerplatzen komisch. Der Boss sagte sofort, wie sehr er sich für uns freuen würde und dass das ja der Hammer wäre, da er gar nichts von unserer Beziehung zueinander mitbekommen hätte. Der Schock beim anderen Boss saß tiefer, denn der sagte gar nichts mehr. Dann fragten wir noch, ob wir die Einladung für alle anderen Mitarbeiter an Türen kleben dürften. Das wurde ohne Zögern genehmigt.

Natürlich hatte ich die DIN A4 Ausdrucke auch dabei. Ich schnappte mir Klebefilm und machte mich auf den Weg die Türen zu bekleben. Der erste Teil verlief ja schon gut, mal sehen, was die anderen Kollegen dazu zu sagen hatten. Da war ich ja auch schon wieder gespannt wie ein Flitzebogen.

Da nicht alle Kollegen jeden Tag beschäftigt sind, dauerte es auch etwas länger als nur einen Tag, bis die Sensationsnachricht bei jedem ankam. Alle waren erstmal sprachlos, da sie nichts geahnt hatten, aber die meisten freuten sich für uns und auf die Party. Selbstverständlich wurde auch hinter unserem Rücken gelästert, aber so ist das nun mal und das gehört ja auch irgendwie zu unserem Menschendasein dazu. Ich verteilte noch Listen, in denen sich alle eintragen sollten, die mit uns feiern wollten, denn alle abzuklabastern, das hätte ewig gedauert. Und die Listen füllten sich. Nahezu alle wollten mit uns feiern. Das freute uns sehr.

Aber was braucht man noch für ein gelungenes Hochzeitsfest? Genau, passende Klamotten, also für mich irgendwie ein schönes Kleid und für Jost 'nen schicken Anzug. Und das Kleid, das war ja schon bestellt, wobei das ja auch eine Aktion war...

Eine Geschichte für sich…
Aber ich fange am besten ganz von Vorne an…

Ich habe mir einen Tag frei genommen. Meine Eltern hatten auch beide Zeit, und meine Ma meinte, je eher wir ein Kleid finden, desto besser. Da hab ich noch gedacht „Ach, ist doch noch so lange hin, das wird schon hinhauen".

Also bin ich am Morgen zum Frühstück zu meinen Eltern gefahren. Nachdem wir uns gut gestärkt hatten und alle Toilettengänge erledigt waren, fuhren wir los. Unser Ziel: Ein Brautmoden-Geschäft im nächsten Ort. Seit Jahren bekannt, durch Mundpropaganda haben wir nur Gutes gehört. In meinem Heimatstädtchen gibt es leider zu dieser Zeit kein Brautmodengeschäft mehr. Ein neues sollte demnächst zwar eröffnen, allerdings war noch kein Termin bekannt gegeben worden.

Nach dem Besuch im Brautmodenladen könnten wir dann noch schön in Europas größtem Einkaufspalast shoppen gehen. Ein durchaus erfolgsversprechender Tag lag vor uns. Also sind wir um kurz nach 10 Uhr im Nachbarstädtchen, halten vor dem Brautmodenladen an und wundern uns, dass es dort noch so dunkel ist. Ist der Laden etwa zu? Ma springt schnell aus dem Auto, um nachzuschauen. Tatsächlich, erst ab 10:30h geöffnet.

Pah! Dann eben nicht!

Wir fahren erst in den Einkaufstempel und danach zu diesem Brautgeschäft.

Ich habe schon recht genaue Vorstellung, was die Farben des Kleides betrifft, aber den Schnitt habe ich noch nicht vor Augen. Das muss spontan geschehen. Ich muss bei der Anprobe einfach spüren „Ja, das ist es", dann ist es das auch.

Meine Ma hatte bei einer großen Modekette schöne Kleider gesehen. Also steuern wir zuerst dieses Geschäft an. Aber was ich da so an den Ständern hängen sehe begeistert mich eher wenig. Eine Kombination ist dabei, die ich gleich anprobiere, obwohl sie nicht in meiner Größe dabei ist, nur kleiner. Aber trotzdem, probieren kann Frau es ja mal.

Aber, selbstverständlich passe ich nicht hinein. Ich sehe aus wie eine gepresste Leberwurst im Golddarm, nur das der Golddarm diesmal rot ist. Na ja, was will ich auch erwarten, wenn's nicht meine Größe ist.

Trotzdem bin ich deprimiert. Da hat man monatelang gehungert und abgespeckt und trotzdem gibt es kein Kleid in der passenden Größe.

Aber mein nächster, aufbauender Gedanke ist, dass ich jetzt wahrscheinlich DIE Größe habe, die gängige, die fast alle Frauen hier haben (na ja, stimmt eher weniger, aber egal).

Pech. Hier kauf ich eh nix, so ein blöder Laden.

Und ansonsten sind nur gift- oder froschgrüne Kostüme zu haben. Igitt! Grün ist wie gesagt eben ganz und gar nicht meine Farbe.

Meiner Ma gefallen die Grün-Töne. Sie droht mir sogar damit, so was zur Hochzeit anzuziehen, mit passendem Hut versteht sich.
Das wird sie mir ja wohl nicht antun, oder doch? Bitte nicht! Aaaahhhh!
Das fängt ja schon gut an, gleich ein „Erfolg" am frühen Morgen. Das wird sicher noch ein lustiger Tag…

Wir klabastern noch diverse Läden ab, schließlich landen wir im nächsten Laden in der Abendmodenabteilung. Da gibt's schicke 2-Teiler. Ich probiere mehrere an, aber das wirklich Wahre ist nicht dabei, obwohl dunkelblau mich richtig richtig schlank wirken lässt. Nee, trotzdem. Zu einer, oder besser, zu meiner Hochzeit in dunkelblau? Passt nicht wirklich, finde ich. Aber vom Stil her wirklich schön. Nur qualitativ auch nicht überzeugend, die Nähte sind nicht gut verarbeitet, nicht auszudenken, mir platzt an dem großen Tag eine. SCHAUDER!
Aber wie gesagt, vom Prinzip her nett. Könnte mir gefallen, in anderen Farben und besserer Verarbeitung gerne. Nur werde ich so was sicher nicht zu diesem Einkaufstempel-Preis bekommen.
Paps, tut mir leid, aber so günstig kommst Du leider doch nicht weg… Er will das Kleid der Kleider bezahlen. So gehört es sich, meint er. Finde ich total lieb, aber trotzdem bekomme ich wieder mal ein schlechtes Gewissen, erst die Ringe, jetzt das Kleid. Und dann finde ich hier natürlich auch keins.
Na ja, hier also nichts gefunden, fahren wir zu dem Brautmodenladen, der erst so spät öffnet.

-11-

Oh je, wo sind wir denn hier gelandet, hier muss man ja sogar schellen, sonst kommt man nicht rein... Ich trau mich natürlich nicht, als erstes rein zu gehen. Warum auch, betrifft es mich etwa? Ach doch, ich bin ja die, die das Kleid braucht, die zukünftige Braut. Auch das noch...

Aber ich schaffe es trotzdem, als letzte in den Laden zu gehen. Wie, weiß ich auch nicht. Wahrscheinlich war es meinen Eltern zu blöd, dass keiner reingeht, wenn die Tür geöffnet wird.
Aller Anfang ist schwer. War jemand anders als ich?
Na ja, auf jeden Fall hängen hier schon sehr viele Kleider. Aber auf Anhieb sehe ich nichts. Nur weiß und tüllig und buschig und reifig und irgendwie, na groß. Das bin ich nicht. Da die Verkäuferinnen allesamt noch beschäftigt sind, sollen wir uns allein umschauen. „Nur die Bügel anfassen, auf gar keinen Fall die Kleider" wird uns noch mit auf den Weg gegeben. Lustig. Wenn man nicht groß ist, kann man hier nichts gucken, dann kommt man nämlich nicht an die Bügel ran, weil die Kleider ja so lang sind. Und selbst ich hab Probleme damit, obwohl ich nicht sagen würde, dass ich zu kurz geraten bin. Außer-

46

dem hab ich auch noch meine roten Stiefel mit nicht niedrigem Absatz an.

Wir schauen erstmal, ob wir eventuell ja doch etwas Rotes finden. Zwischen dem ganzen Blütenweiß müsste es ja im wahrsten Sinne des Wortes ins Auge stechen.

Ein schönes Kleid sehe ich schon, Oberteil weinrot, Rock Weiß mit roten kleinen Rosen angenäht. Aber der Rock ist mir eigentlich zu buschig und tüllig, obwohl das noch einer der harmlosen ist. Aber anprobieren würde ich es auf alle Fälle mal, vielleicht ist es ja gar nicht so schlimm, wie es aussieht.

Ansonsten sehen wir nicht wirklich viel. Da hängt auch irgendetwas mit Federn. Da sieht man nachher noch aus wie ein gerupftes Huhn oder so, nee, gar nicht mein Geschmack. Wer zieht so was denn an?

Oder so was Komisches in champagner (man sagt ja nicht mehr creme, klingt wohl zu popelig). Falten über Falten, da sieht man ja dann so aus, wie dieser Hund, der in seine Pelle erst reinwachsen muss. Oder man erweckt so viel Mitleid, dass man Containerweise Anti-Falten-Q10-Creme gesponsort bekommt.

Ich kam nicht umhin mich zu fragen: Wer kauft solche Abscheulichkeiten? Gibt es tatsächlich Abnehmer für solche Stücke?

Aber die Antwort möchte ich eigentlich auch nicht wissen. Abnehmer wird es sicherlich geben.

Nachdem wir irgendwie wahrscheinlich nicht wirklich zufrieden aussehend durch den Laden stapfen, kommt eine Verkäuferin, die zwar noch Kundschaft hat, aber wohl unsere Blicke gesehen hat, zu uns und zeigt uns einen anderen Raum, ein paar Stufen tiefer, in dem es noch eine weitere, kleinere Auswahl an Kleidern gibt, nachdem ich ihr grob gesagt hatte, was ich mir so vorstelle.

Ich möchte nichts pompöses, eher etwas, was man später noch tragen kann. Und ich weiß auch, dass es ein schöner Rot-Ton sein soll. Nicht zu grell. Nicht zu dunkel. Am besten ein warmer Weinrot-Ton. Ähnlich wie die Karten und Umschläge. Dann würde sich ein im wahrsten Sinne des Wortes Roter Faden durch die ganze Festlichkeit ziehen.

Und tatsächlich, hier unten sind schöne Teile dabei. 2-Teiler, so wie ich sie schon im Einkaufstempel in der Abendmodenabteilung anprobiert hatte. Ist wahrscheinlich ein schlimmer Vergleich, aber entspricht der Wahrheit.

Es sind auch Abendmodenkleider. Schöne Korsagen und schlichte Röcke dazu. Mal im leichten A-Stil glatt herabfallend, mal im Meerjungfrauen-Stil. Total schön, nur ich kann's leider nicht tragen mit meinem birnenförmigen Körper, nicht für mich mit meinem breiten Hintern geeignet, leider, echt schade. Für andere sicher total chic. Also favorisiere ich den leichten, glatten, schmalen A-Stil. Aber den Rock gibt's hier an der Stange nur in creme, Entschuldigung, champagner. Und eine tolle Korsage habe ich auch schon gefunden. Creme (ich nenne es jetzt so und basta), mit roten Rosen, die Farbe ist perfekt, so ein Rot möchte ich gerne und da, wo die Stäbe der Korsage verlaufen, sind im selben Ton Streifen. Wow, die ist schön, ein wenig romantisch, aber nicht zu über. Die behalte ich im Auge.

Dann kommt endlich eine Verkäuferin. Ich zeige ihr, was mir so gefallen könnte. Das schöne an dieser Serie ist, dass man verschiedene Rocktypen mit sämtlichen Korsagen kombinieren kann und es diese ganzen Sachen auch in anderen Farben gibt. Also gibt es zu der Korsage, die ich so toll finde, auch einen roten Rock, obwohl hier die Kombination mit dem creme-farbenden Rock hängt. Das klingt doch wunderbar.

Die Korsage ist natürlich nicht in meiner Größe da, nur in 38, und da passe ich um Längen nicht hinein. Natürlich nur wegen meinem breiten Kreuz, warum auch sonst nicht? Und der rote Rock nur in 40.

Der Rock MUSS rot sein, was anderes möchte ich nicht. Die Verkäuferin zeigt mir noch weitere passende Korsagen, ich werde auch noch ein paar anziehen, aber mir gefällt die mit den Rosen einfach am besten. Aber anprobieren kann man ja mal.

Also mache ich mich auf in die riesige Umkleide, ziehe mich schon mal gemütlich und langsam aus und warte, dass mir die Klamotten in die Kabine gereicht werden.

Na, dann halte ich doch einfach mal die Hand raus, dann wird sie mir schon jemand geben. Meine Eltern haben sich in inzwischen auf eine Bank gesetzt und warten.

Tja, statt dass ich die Sachen in die Hand gedrückt bekomme, reißt die Verkäuferin (die Tochter der Eigentümerin, wie wir erfahren), den einen Vorhang auf und kommt mit den Worten „Nein, nein, sie können das nicht alleine anziehen, ich werde Ihnen dabei helfen" herein. Au weia. „Beam me up Scotty" möchte ich sagen, so peinlich ist mir das. Nicht nur wegen meiner verschobenen Figur. Noch viel schlimmer finde ich mein Outfit unten drunter. Ich hab meinen mittlerweile zu groß gewordenen schwarzen T-Shirt BH an, in dem meine rechte Brust zu versinken droht (aber bisher bin ich noch nicht wirklich dazu gekommen oder war einfach zu geizig oder was auch immer), das ist ja nicht das Schlimmste, aber meine Unterhose…

Eine aus dem 4,99-Dreierpack mit blauen Hippi-Blumen drauf. Und natürlich auch kein Schlürbi, ne, 'nen String-Tanga!

Oh nein, am liebsten würde ich mich in Luft auflösen oder mich wie die bezaubernde Jeannie einfach wegnicken.

Aber aus dieser Nummer komme ich wohl nicht mehr raus.

Ich stand wie ein Häufchen Elend in der Kabine, was meiner Figur natürlich noch weniger schmeichelte.

Aber es sollte noch besser kommen. „Ziehen Sie auch schon mal Ihren BH aus", sagt die Verkäuferin und verschwindet aus der Kabine.

12

WAS??? BH ausziehen, warum? Wieso? Weshalb? Warum hat mir das keiner gesagt. Mir ist das alles so schrecklich peinlich. Ich verzweifle und schaue in den Spiegel. Ich stehe wirklich da wie ein begossener Pudel. ICH WILL HIER RAUS! Mama, wo bist du? Die böse Verkäuferin soll mich so nicht mehr sehen…

Im Nachhinein bin ich erstaunt, dass ich nicht in Ohnmacht gefallen bin, angesichts dieses Stresses und dieser Peinlichkeit.

Die Verkäuferin kommt zurück, ich höre sie deutlich stampfen, oh nein, gleich geht der Vorhang wieder auf. Bitte nicht… Das ist alles nur ein schlechter Traum, morgen werde ich daran denken, mir richtige, schöne Unterwäschen anzuziehen, wenn wir losfahren versuche ich mich zu beruhigen.

Aber es ist kein böser Traum, es ist die schreckliche Wirklichkeit.

Warum muss immer mir so was passieren? Das Beste wäre ja jetzt noch, wenn ich bei der Anprobe aus der Kabine falle, weil ich zu wackelige Beine habe und dann da nackend auf dem Boden liege…

Keine Panik Fiona, nur keine Panik, alles wird gut ohmmmmmm...

Die Verkäuferin reißt die eine Vorhangseite auf und kommt mit einer Wäschekorsage in die Kabine. Creme, über und über mit Spitze besetzt. Die soll ich anziehen, nein, die muss ich anziehen, sonst sitzt die Korsage des 2-Teilers nicht richtig. Oder ich darf darunter gar nichts anziehen. Aber wenn ich mich betrachte, gar nichts kommt gar nicht in die Tüte, das geht nicht. Also will ich die Korsage anziehen.
Aber das darf ich auch nicht. Ich halte verschämt meine entblößten Brüste fest, mit dröhnt der Kopf vor lauter Scham. Klasse, jetzt muss ich aber meine Hände wirklich langsam von meinen Brüsten lassen, sonst geht's ja mit der Korsage nicht. Schnell drehe ich mich um, lass mir die Korsage nach vorn reichen, halte sie an und die Ver-käuferin macht sie mir auf dem Rücken zu.
Das schon mal geschafft. Jetzt bin ich wenigstens nicht mehr ganz so nackig.

Und da kommt der Rock angeflogen. Den muss mir die Verkäuferin über den Kopf ziehen, weil der ja eh und je zu klein ist und ich den nie und nimmer über mein gebär-freudiges Becken bekommen würde.

Also gehe ich in die Hocke, hebe die Arme wie zum Köp-per in die Höhe (irgendwie komme ich mir auch so vor, als müsste ich einen vom Bock machen) und schon ist er angezogen. Gar nicht mal so schlecht, finde ich. Mein doofer String-Tanga drückt sich natürlich durch, aber wenn ich einen vernünftigen Schlürbi anziehe, wird das sicher viel besser aussehen. Und wieder kam ich nicht umhin mich zu fragen: Warum hat mich keiner vorgewarnt und mir gesagt, was ich anzuziehen habe?

Ich weiß, ich bin schon groß und müsste das an und für sich selbst wissen. Weiß ich aber eben nicht, und?

Jetzt die Kleidkorsage. Größe 38. Natürlich bekommt die Verkäuferin den Reißverschluss nicht ganz zu, ich glaube, er geht noch nicht mal halb zu. Aber egal, wir wollen doch auch nur mal sehen, ob mir die Kombination an sich steht oder ob ich nicht der Typ dazu bin.

Im Schweiße meines Angesichts und mit mittlerweile tomatenrotem Gesicht „schreite" ich aus der Kabine. So ganz habe ich mich selbst auch noch nicht im Spiegel gesehen, also studiere ich erstmal die Gesichtsausdrücke meiner Eltern. Sie sehen zufrieden aus und irgendwie auch ein bisschen gerührt, besonders mein Paps.

Also kann's ja nicht soooo schrecklich aussehen, obwohl ja nichts wirklich gut passt.

Die Verkäuferin fordert mich auf, selbst vor den Spiegel zu treten. Eigentlich trau ich mich ja schon wieder nicht, aber da muss ich ja nun auch noch durch.

Ich hab irgendwie Blei in den Füßen, zumindest schleiche ich zum Spiegel und bin erstaunt, Fiona, Fiona, das sieht ja wirklich gut aus. Nein, ich finde es nicht nur gut, sondern ausgesprochen passend und ich merke, dass es in meinem Bäuchlein zu kribbeln beginnt. Ist dass das Gefühl, das man haben muss um zu wissen, dass es das richtige Kleid ist? Zumindest fühlt es sich richtig an. Na ja, von Hinten guck ich jetzt gar nicht erst, ist ja eh nur halb zu. Das versaut mir nachher nur meinen ganzen guten Eindruck. Jetzt soll ich mich auf so ein komisches rundes Etwas stellen. Damit man sieht, wie gut der Rock fällt, wenn ich Absätze trage. Im Moment ist mir der Rock nämlich zu lang, liegt aber daran, dass ich auf Socken rumlaufe.

Selbstverständlich springe ich nur knapp einem Malheur von der Klinge. Statt dass ich einen großen Schritt auf diese runde Spanplatte mache, mache ich einen kurzen, also auf den Rand und das ganze Teil beginnt zu kippen, als ich gerade den anderen Fuß, den ich noch auf festem Bode stehen hatte, anhebe um ganz auf die Platte zu kraxeln. Ich fuchtle etwas wild und panisch, jetzt nur nicht hinfallen, aber so schlimm ist es gar nicht. Nichts passiert, zum Glück. Ich konnte allerdings mit meinen rutschigen Socken auch keinen großen Schritt auf diese glatte Scheibe machen, dann wäre ich mit einem halben Spagat hingeknallt. Also, dafür habe ich eine Entschuldig, und die gilt auch! Ja, wenn ich Absätze anhabe, dann sieht das ganze noch viel besser aus.

Eigentlich hab ich mich schon entschieden. Und auch meine Eltern, besonders Paps sind begeistert und nicken zustimmend.

Ein Broken fällt mir vom Herzen.

Trotzdem soll ich die andere Korsage doch auch noch anprobieren. Vielleicht gefällt die mir ja noch besser. Obwohl ich das bezweifle.
Aber gut, dann ziehe ich die eben auch noch an. Ist schon eine Nummer größer, aber durch den schmalen

Schnitt bezweifle ich, dass ich da hineinpasse, wegen meinem Schwimmer-Kreuz versteht sich...

Also geht's wieder ab in die geräumige Kabine. Natürlich darf ich mich auch nicht selbst entkleiden, so fängt das Desaster dann von vorn an, obwohl ich es nun etwas gelassener nehme, da ich – dem Kribbeln sei dank – wohl fündig geworden bin.

Raus aus der meinen Korsage, rein in die andere, ebenfalls in weinrot-creme. Sieht ja so an sich auch nicht übel aus, aber hat gar nichts Romantisches. Wobei ich erneut ins grübeln komme. Soll ich vielleicht diese Korsage der Kribbel-Krosage vorziehen. Diese könnte ich nachher besser noch einmal anziehen...

Das Desaster hält sich in Grenzen. Ich vergesse nämlich, dass ich ja eine Wäschekorsage untendrunter trage, die ich ja nicht wieder ausziehen muss und auch mein Super-heißer Hippi-String-Tanga kommt jetzt nicht wieder zum Vorschein, weil ich den Rock ja anbehalten kann *grins*, ich muss ja nur die Korsage austauschen lassen.
Gedacht, und schon getan, die Verkäuferin fackelt nicht lange.
Schwupps ist die Rosenkorsage auf (ein Kinderspiel, da sie ja eh nie vollständig geschlossen war) und zack, halte ich die andere vorne an und sie versucht sie hinten per Reißverschluss zu schließen.
Die Betonung liegt hierbei auf „versucht". Denn, wie ich es bereits habe kommen sehen, ist auch diese Korsage nicht weit genug. In der Taille würde sie hinhauen, aber

auch die geht oben, ich erinnere nur kurz an mein „Schwimmerkreuz", nicht ganz zu.

Ich watschle wieder aus der Kabine, jetzt hat eindeutig meine Ma ein Leuchten in den Augen. Sie meint, diese Korsage würde mich schlanker wirken lassen. Mag auch sein, ich meine dies auch zu sehen, aber irgendwie ist das Kribbeln weg. Die Korsage sieht ohne Zweifel gut aus, aber für meine eigene Hochzeit? Nee, die ist nix, auch wenn sie mich schlanker und großbusiger wirken lässt.
Ich gucke wieder zu meinen Eltern rüber, Ma meint, auch diese wäre schön, Paps ist davon nicht so überzeugt, obwohl er sie auch gut findet, nur eben wohl doch nicht zu einer Hochzeit und noch dazu zu der Hochzeit seiner Tochter. Da sind wir, ohne Worte einer Meinung.
Das gewisse Etwas fehlt einfach und romantisch ist diese Korsage auch nicht. Nee, meine Entscheidung bleibt bestehen, ich finde die Rosenkorsage einfach viel besser, schöner und passender.

Also wird mir die Korsage wieder ausgezogen und die Rosenkorsage wieder an. Und da ist es wieder, dieses Kribbeln. Und jetzt bin ich mir 100 % sicher. Die, oder keine. Und auch mein Paps findet diese eindeutig besser und für mich passend. Ma überlässt mir die Entscheidung, sie findet beide gut (insgeheim denke ich, wenn meine Mutter für sich hätte entscheiden müssen, hätte sie die andere genommen, aber da kann ich mich natürlich auch irren).
Mein Paps ist hellauf begeistert, so scheint es mir. Er ärgert sich, dass er die Digicam nicht eingesteckt hat, so

gerne hätte er Fotos geschossen. Er meint ja, ich sähe aus wie eine Prinzessin.

Die Entscheidung ist gefallen, ich nehme diese Kombination. Die ist es, ohne Zweifel!
Die Verkäuferin kommt noch mit einem „Schal" dazu, passendes Rot, schön lang, wenn's etwas kälter wäre, könnte ich mir die erst um den Hals und dann an den Armen entlang runterfallen lassen. Da hat sie Recht, sieht zweifelsohne gut aus. Also nehmen wir auch diesen.
Und die Wäschekorsage auch. Die passt und wir müssen nicht noch durch die Läden rennen und eine suchen.

Jetzt kommt wieder das Entpellen. Kann das denn jetzt nicht meine Ma machen? Biiiiiiiitte! Meine Ma sieht auch schon meinen flehenden Blick, will auch schon aufstehen, aber die Verkäuferin meint nur, sie solle sitzen bleiben, das wäre ihre Aufgabe. Na toll. Danke auch.
Also wird erst die Rosenkorsage ausgezogen, was mir noch keine Schamesröte ins Gesicht treibt. Ich werfe kurz einen verstohlenen Blick in den Spiegel in der Kabine. Schamesröte? Ich bin doch schon Puterrot im Gesicht, oh Gott, zum weglaufen.
„Ja, und nun ziehen wir den Rock aus. Am besten auch wieder über den Kopf, unten herum wird es wohl etwas eng. Haha". Ha Ha, du doofe Kuh, sehr witzig. Mach du nur deine Späße. „So, und nun gehen Sie mal etwas in die Hocke und machen ihre Arme hoch, wie vorhin auch". Danke, ohne Sie hätte ich nie gewusst, wie ich jemals wieder aus diesem Rock rausgekommen wäre. Nur weil ich so farbig im Gesicht bin heißt das noch lange nicht,

dass   ich   bekloppt   bin.

Ganz ruhig Fiona, ganz ruhig, ignorieren heißt das Zauberwort.

Also mache ich genau das, was mir die Verkäuferin sagt und schon ist der Rock über meinen Kopf hinweg ausgezogen.

Und schon stehe ich wieder mit meinem Hippi-String-Tanga da. „Schnell, zieh mir die doofe Korsage aus. Ich will mich anziehen und du sollst verschwinden", denke ich. Oh nein, jetzt sieht die auch noch meine Pobacken. Mir bleibt auch wirklich nichts erspart.

Vielleicht kann ich ihr wenigstens noch einen Blick auf meinen Busen verwehren. Muss ihn nur schnell genug abfangen, wenn die Korsage weg ist. Und dann kann sie auch flottirabotti die Kabine verlassen.

Und geschafft. Sah bestimmt etwas hektisch aus, wie ich meine Brüste schnell an mich gedrückt habe, aber egal.

„Und jetzt – husch husch – raus mit dir", will ich sagen, mache es aber natürlich nicht. Die Verkäuferin sammelt noch gemütlich alles ein, bequemt sich aber dann endlich nach draußen, wobei die dusselige Kuh den Vorhang nicht wieder vollständig schließt und ich nun mit beiden Händen voll und diesem Hauch von nichts so dastehe.

Oh nein, schnell, ab in die äußerste Ecke der Kabine. Durch den Spiegel konnte ich nämlich schon meine Eltern auf der Bank sitzen sehen, und wenn ich sie sehen kann, können sie mich auch sehen.

Zum Glück ist kein anderer Kunde in diesem Verkaufsraum, das hätte mir nur noch gefehlt…

13

Also angle ich mir wenig elegant schnell meinen BH von dem in der anderen Ecke stehenden Stuhl, ziehe ihn an – schon besser. Aber die Hose liegt auch dahinten, da, wo der Vorhang nicht richtig geschlossen ist. Hätt ich doch eine Angel dabei.

Aber, als wäre es Gedankenübertragung kommt meine Ma zu mir in di Kabine und macht den Vorhang ordentlich zu, reicht mir die Jeans und danach geht's mir auch gleich viel besser. Schnell noch den Pulli, die Stiefel und den Mantel an.
Noch ein kurzer prüfender Blick durch die Kabine, auch nix vergessen? Scheint nicht so, also schnappe ich mir meine Tasche und schnell raus hier. Mein Fehler ist nur, dass ich erneut in den Spiegel schaue. Oh nein, ich glühe! Wenn es schneien würde, würden die Flocken an meinen Wangen dampfend dahin schmelzen. Ich bin nicht mehr puterrot, nein, mittlerweile bin ich stellenweise strahlend rot, wie eine Heulboje. Ich kann es kaum erwarten, endlich frische Luft zu schnappen...

Ob ich denn auch schon Schuhe hätte, war die nächste Frage, die mir gestellt wurde.

Selbstverständlich habe ich das eigentlich kleine Schuh-regal schon entdeckt und schon mehrere verstohlene Blicke darauf geworfen, als wir noch im weiße-Tüll-Kleider-Raum gewartet hatten.
Fußbekleidung, meine Droge...

Aber die Preise, eine Frechheit. Die, die mir sehr gut ge-fallen, kosten 169 €. Das ist sehr happig. Nein Danke. Also hier nicht.
Die Verkäuferin meint, dafür hätten wir ja auch noch Zeit, aber wir sollten auch nicht zu lange warten, denn die Schuhe habe sie nicht ständig in allen Größen am Lager und auch die müssten eventuell bestellt werden.
Ja ja...

Nun zu meinem Kleid, oder besser, zu meiner Korsage.
10 Wochen Lieferzeit. Schaffen wir ja noch dicke, denke ich. Und die Verkäuferin meint, dass das ja noch gut pas-sen würde.
Nun die Frage zu der Größe. Ich würde ja den Rock so nehmen, wie ich ihn probiert habe. Ich habe schon gut abgenommen und habe nicht vor, wieder zuzunehmen. Eher nehme ich durch eventuellen Stress noch ab. Und dann passt der Rock sicher perfekt. Außerdem werde ich dann ja nicht so einen String-Tanga tragen. Dann malt auch nichts ab.

Aber irgendwie schaffe ich es nicht, meine Ma und die Verkäuferin auf meine Seite zu ziehen. Die Verkäuferin meint, wir sollten doch besser Größe 42 bestellen und dann muss eh noch geändert werden. Das wäre sicherer, man weiß ja nie, ob man nicht doch bis dahin etwas zunimmt. Selbst wenn das Gegenteil der Fall wäre, wäre es ja sicherer, was wegzunehmen, als etwas zuzunähen.

Oder ob ich die Disziplin hätte, 5 Kilo abzunehmen. Natürlich hätte ich die, was für eine Frage, immerhin habe ich schon 14 Kilo seit letztem August abgenommen, was ich der Verkäuferin auch prompt unter die Nase reibe. Darauf kann ich schließlich stolz sein. Da guckst du, was?

Aber als Antwort kommt nur „Ja, das ist eine gute Leistung, aber wir hatten schon so viele Bräute hier, die auch davon überzeugt waren und es schlussendlich leider nicht geschafft haben oder gar noch zugelegt haben und da standen wir dann vor einem großen Problem. Aber bisher haben wir alle Probleme gelöst. Und bisher hatte noch jede Braut an ihrem Hochzeitstag ihr Kleid an."

Super, danke, tolle Geschichte. Ich bin aber nicht die Anderen.

Trotzdem werde ich überstimmt und das ganze wird in 42 bestellt.

Die Verkäuferin macht uns darauf aufmerksam, dass die Änderungsarbeiten extra kosten, was ich schon wieder unmöglich finde. Die Kleider sind schon teuer genug, da wird ja wohl genug für den Laden hängen bleiben. Und das immer etwas geändert werden muss ist doch wohl selbstverständlich. Also wirklich, unmöglich. Aber selbstverständlich schweige ich wieder und brodle nur innerlich.

Ebenfalls wäre es üblich, dass das bestellte Kleid angezahlt wird, damit das Geschäft nicht darauf sitzen bliebe.

Na gut, das leuchtet ein, und Anzahlen ist auch in Ordnung.

Also wird die Rechnung aufgestellt...
Schluck, was allein der Schal und die Wäschekorsage kosten... Herrjemine, die wissen, wo sie ihr Geld herbekommen...

Paps Augen strahlen auch nicht mehr wirklich. Irgendwie ist der Glanz verschwunden, aber ist ja auch mehr als verständlich. Irgendwie tut mir das schon wieder leid. Aber so teuer war das Kleid an sich ja nicht, der Schnickschnack ist so kostspielig.
Und die Änderung? Da bin ich ja mal gespannt wie ein Flitzebogen.

Und da mir das Geschäft noch ein Geschenk für die anstehende Hochzeit machen möchte, bekomme ich ein blaues Strumpfband umsonst. Wie überaus großzügig! Aber einsacken, ist doch klar, wann bekommt man schon mal etwas umsonst heutzutage?

Alles wird in eine Tüte gelegt, ein Zettel mit unserem Namen wird daran geheftet und die Klamotten bleiben bis zu nächsten Anprobe im Laden.
Die Verkäuferin weißt uns nochmals ausdrücklich darauf hin, dass wir die Schuhe unbedingt zur nächsten Anprobe mitbringen müssen, damit man entscheiden kann, ob die Länge des Rockes bleiben kann oder ob er gekürzt werden muss. Aber bei meiner Größe wären sie zuversichtlich, dass daran nicht geändert werden müsse.
Abwarten und Tee trinken.

Paps begleicht mit der EC-Karte die Anzahlung, wir bekommen die Quittung und die Verkäuferin fragt, wen sie anrufen soll, wenn das Kleid da ist. Selbstverständlich meine Eltern, Ma ist ja nur vormittags arbeiten, da sind die Chancen höher, dass man jemanden erreicht als bei mir. Ich bin ja generell erst ab ca. 19h zu Hause bei mir. Also notiert sie die Telefonnummer meiner Eltern, schreibt noch schnell „Mutter" dahinter, damit sie später weiß, mit wem sie es zu tun hat. Sie bedankt sich, wir uns auch und dampfen endlich ab, raus aus dem Laden.

14

Endlich wieder frische Luft. Wir schauen uns an, Ma grinst wegen meinem roten Gesicht, im großen und ganzen sind wir aber alle zufrieden, dass es nun doch tatsächlich am ersten Tag, an dem wir gezielt auf die Suche nach einem Kleid gegangen sind, geklappt hat und haben sogar noch die Energie, in den großen Schuhläden in direkter Nähe zu fahren, um eventuell dort schon die passenden Schuhe zu finden.

Dort angekommen stürmen wir sofort den Laden.
Schuhe über Schuhe, Gänsehaut! Hier fühle ich mich wohl…
Allerdings gibt es hier so viele unterschiedliche Creme-Töne, dass wir ins schwimmen kommen, welcher Ton der Richtige ist. Aber wir finden den Ton schnell. Ich greife mir direkt ein Paar aus dem Regal, ziehe sie an, passen und sehen super aus. Und noch dazu runtergesetzt, 25 €. Hihi. Paps findet sie auch toll. Im Prinzip könnten wir schön zur Kasse gehen. Aber da kommt meine Ma, die Schuhe könne ich nicht nehmen. Der Absatz ist schließlich nicht gleichfarbig. Und sie hat Recht. Darauf haben wir gar nicht geachtet. Aber sieht man den denn überhaupt? Sie meint ja, und damit wird sie absolut Recht

haben. Dann malen wir den eben an, meine ich. Aber das geht natürlich leider nicht. Schade. Wäre ja auch zu schön gewesen.

Hier gibt es nur weiße Schuhe mit passenden weißen Absätzen. Das ist doch echt eine Unmöglichkeit. Super, echt klasse.

Und einen roten Schuh kann man nicht nehmen, nachher ist es der falsche Ton und dann steh ich da.

Die passenden Schuhe mit den passenden Absätzen gibt es bestimmt nur in Brautmodenläden. Schöner Mist. Aber man kann ja mal Preisvergleiche anstellen...

Also dampfen wir wieder ab und fahren heim, immerhin haben wir ja schon das Kleid, und das wird in spätestens 10 Wochen geliefert.

Und 10 Wochen sind genau am Karfreitag, also Ende März rum. Also noch dicke Zeit bis zur Hochzeit.

Irgendwie bin ich jetzt richtig entspannt...

15

Nun soll ja das Kleid nach spätestens 10 Wochen im Brautmodenladen eintreffen. Das wäre ja der Karfreitag, dann kommt es bestimmt eher.

Also werde ich schon 2 Wochen vor Ostern nervös und warte täglich darauf, dass mir meine Ma eröffnet, das Kleid sei da.

Aber irgendwie sagt sie mir allabendlich nur „nein, vom Kleid nichts gehört". Ist ja schon wieder was für mich.

Also mache ich, durch mein ständiges Fragen meine Umwelt auch ganz kirre. Tut mir ja auch leid, aber wenn man mir einen Termin nennt, sogar einen spätesten Termin, dann frage ich nun mal etwas öfter nach. Und ich gebe erst Ruhe, wenn sich die Sache dann auch zum Guten auflöst. Eher allerdings nicht.

Also warten wir, und warten, und warten. Aber nichts tut sich.

Schließlich haben wir Karfreitag, die 10 Wochen sind um.

Gut, dass sich heute wegen dem Feiertag keiner melden kann, leuchtet mir schon ein, aber dann eventuell ja morgen?

Spätestens dann aber Dienstag? Wegen Feiertagsverschiebungen oder so? Aber auch nix. Na ja, etwas Zeit ist ja noch. Liegt bestimmt an den Feiertagen, dauert dadurch sicher etwas länger.

Aber als sich auch 2 Wochen später nichts tut, komme ich nicht umhin mich zu fragen: Ist das Kleid vergessen worden? Wurde es gar nicht erst bestellt oder ist gar der Produzent pleite? Ist das Paket abhanden gekommen? Wo bleibt es?

Fragen über Fragen und keine Antworten.

Ich nerve wieder meine Eltern, kann denn da nicht mal jemand anrufen? Ich natürlich nicht. Ich stehe da außen vor. Ich hab da quasi nix mit zu tun. Ich frag ja nur mal so, nicht wahr?

Mein Paps kennt mich nur zu gut, er meint, das hab ich von meiner Ma, die nervt ihn wohl auch immer so lange, bis er wo anruft und was regelt. Also, dann weiß ich wenigstens, von wem ich das habe. Das ist doch auch beruhigend.

Also verspricht er, im Laufe der kommenden Woche im Brautmodengeschäft anzurufen um zu fragen, was mit dem Kleid ist.

Vielleicht ist es ja auch schon längst da und ich mache umsonst Terror.

Als er dann aber nicht sofort Montag anruft, wovon ich stark ausgegangen bin, nerve ich ihn, wann er denn endlich anruft.

Und als er endlich dort durchschellt und ich es dann am Abend erfahre, bin ich nicht erleichtert und erfreut wie

erhofft, sondern eher noch hibbeliger. Das Kleid ist nämlich noch nicht da. Aber es komme sicher. Man würde sich danach erkundigen. Aber durch die Feiertage und Mengen an Aufträgen kann es schon mal vorkommen, dass sich die Lieferung unwesentlich verzögern kann...
Verzögern kann, verzögern kann? Was ist das denn für ein Quatsch? Dann ruft man doch wohl den Kunden selbständig an und ebenso den Lieferanten, was ist das denn für ein Mist? Ich rege ich mal wieder auf. Ist ja wohl ein Ding der Unmöglichkeit. Sowas doofes. TzTz

Naja, was soll ich sagen, die nächsten Tage bin ich nicht weniger aufgeregt, oder besser genervt. Momentan könnte ich für jede Kleinigkeit einfach so an die Decke gehen. Ich bin quasi mit den nerven am Ende. Man sollte auch keine blöden Witze mit mir machen, denn die kommen unter Umständen ganz anders bei mir an, als erwünscht. Also meidet man am besten das Wort „Brautkleid" ebenso wie den Satz „Na? Ist das Kleid endlich da?". Am besten spricht man mich einfach nicht auf die bevorstehende, sehr nah bevorstehende Hochzeit an, dann ist alles in bester Ordnung. Tut man es doch, kann man von mir nichts Freundliches erwarten, denn entweder überhäufe ich mein gegenüber mit meinen Ängsten und Sorgen, oder aber ich werde grantig und rede gar nicht mehr. So oder so keine gute Aussichten.

Also warte ich, und warte und warte...

16

Warten ist allerdings nicht meine Stärke. Warten macht mich vielmehr zu einem nervösen Wrack.

Es vergeht wieder kostbare Zeit, die meine Nerven bis aufs Letzte strapazieren. Jetzt sollte man mich definitiv nicht mehr auf die Hochzeit ansprechen…

Aber leider werde ich immer wieder und von allen gefragt. Ich verstehe das natürlich, aber ich habe einfach keine Lust mehr, allen immer wieder sagen zu müssen, dass sich noch nichts getan hat, das Kleid aber irgendwann kommen soll und ich dann in panische Gesichter schauen muss, die mir aber erst einmal immer sagen, dass ja noch Zeit sei. Dass das nicht stimmt, wissen die Leute selbst. Denn sie wissen auch, dass das Kleid noch geändert werden muss.

Einmal ist es dann soweit, ich fange mittags mitten auf der Arbeit an zu heulen. Es ist mir so peinlich, aber ich kann nicht aufhören, sobald ich auch nur aufhören will, fange ich wieder an. Am liebsten würde ich mal wieder im Erdboden versinken, wie peinlich…

Aber wie gut, dass mich die Mädels verstehen, sie lassen mich erstmal in Ruhe und dann geht's auch schon wieder. Zum Glück hat mich der Boss nicht gesehen, ich glaube, dann hätte ich die Nacht kein Auge zugetan aus lauter Scham.

Na ja, so ist das wohl bei Frauen. Wenn die nervliche Belastung überhand nimmt, können wir mit unseren Tränenbächen nicht mehr an uns halten...
Aber, was uns nicht umbringt macht uns nur noch stärker...
Wer's glaubt...
Mein Vater ruft ein paar Tage später wieder in dem Brautladen an. Mittlerweile sind es nur noch knapp 2 Wochen bis zum besagten Tag.
Diesmal hat der nicht die Tochter der Inhaberin am Apparello, sondern die Chefin höchstpersönlich. Und das ist das gut so. Denn anscheinend hat sich das Töchterlein nicht wirklich darum gekümmert, oder nur kurz einmal nachgefragt. Mein Paps bleibt, angesichts der bebenden Stimme der Inhaberin doch noch ruhig und sachlich, obwohl auch er mittlerweile platzen könnte.
Sie wisse momentan aber auch nicht, was da los sei, würde aber gegen 16h zurückrufen. Angeblich hätte man bei der Firma niemanden erreichen können... Mein Gedanke ist natürlich gleich wieder dramatisch: Die Firma gibt's gar nicht mehr, die ist Pleite, mein Kleid wird niemals ankommen, weil es niemals in Herstellung gegangen ist... AAAAAARRRRRGGGGG
Mein Kopf dröhnt, ich bekomme bohrende Kopfschmerzen. Hätte ich mal nicht in der Mittagspause meine Eltern angerufen, dann wäre ich nun nicht so wibbelig. Das ist

gelogen, ich wäre wibbelig, weil ich ja dann auch nicht wüsste, was los ist und bis abends hätte warten müssen, bis ich endlich anrufen könnte. Also war es für mich die wohl bessere Entscheidung, denke ich.

Nun gut, ich bekomme mehr oder weniger gut den restlichen Arbeitstag mit roten Wangen rum. Kaum zu Hause, rufe ich sofort meine Eltern an und erfahre folgendes:
Das Kleid ist in Herstellung, es wurde nicht vergessen. Nur gab es da wohl ein Missverständnis bei der Bestellung. Der Brautmodenladen gibt an, man hätte als Hochzeitstermin den 28.04. angegeben, damit das Kleid spätestens eine Woche vorher, also am 21.04. bei ihnen eintreffe. Der Hersteller hat allerdings den 28.04. als Liefertermin verstanden. Also konnte das Kleid auch gar nicht eher kommen.
Ich könnte die Wände hochspringen. Sowas Dusseliges habe ich ja schon lange nicht mehr gehört. Das ist ja wohl nicht die Möglichkeit. Der 28.04. ist der Donnerstag vor der Hochzeit. Der Tag davor ist zwar auch ein Donnerstag, allerdings ein Feiertag, Christi Himmelfahrt, also kann man da nichts mehr reißen.
Herzerquickende Nachrichten, so was liebe ich doch aus tiefster Seele. Ich bekomme schon wieder einen dicken Hals.
Die Inhaberin versichert meinem Vater, dass das Kleid entweder kommenden Dienstag, Mittwoch oder eben an besagtem Donnerstag in ihrem Hause eintreffen müsse.
Toll, echt superspitzenklasse.
Eine Woche vor der Hochzeit.
Ohmmmm, ich bin die Ruhe selbst, ich bin ausgeglichen, nichts und niemand kann mir was anhaben... KRISE!!!!

Also mache ich mit meinem Paps aus, dass, falls das Kleid am Dienstag oder Mittwoch eintrifft, er mich abends von der Arbeit abholen kommt und wir sofort zum Laden fahren, anprobieren und abstecken.

Also lauere ich jeden nachfolgenden Tag auf einen Anruf von meinen Eltern. Aber der bleibt aus. Mittwochabend auch immer noch nichts.

Da ich Donnerstag frei habe, um meinen Onkel mit vom Flughafen abzuholen, er kommt anlässlich meiner Hochzeit extra von Übersee, hoffen wir alle nur, dass dann endlich der erlösende Anruf kommt.

Um 8:45h bin ich bei meinen Eltern. Wir wollen gleich los zum Flughafen und später mit meinem Onkel ausgiebig frühstücken.

Also dampfen wir auch zügig ab. Ich wäre ja später gefahren, in 30 Minuten sind wir da, und bis er aus dem Flugzeug ist, sich den Koffer geschnappt hat und durch den Zoll ist (bisher wurde er immer überprüft, warum, weiß niemand), vergeht sicher noch viel Zeit. Aber meine Ma möchte schon zu angegebener Landezeit am Flughafen sein. Verständlich, wer weiß, nachher landet er doch schon eher und alles verläuft reibungslos und keiner da, der in abholt. Das wäre auch ein schlechter Start. Also brettert Paps über die Autobahn, er brettert im wahrsten Sinne des Wortes, so ist er noch nie gerast. Sogar ich bekomme Schweißhände, was mir generell nicht so schnell passiert.

Als wir das Flughafengelände erreichen, herrscht wieder Hektik und Aufregung im Auto, wie immer. Eigentlich total lustig. Abflug oder Ankunft? Ankunft selbstverständlich.

Und da ich eigentlich immer unterm Terminal parke, da man dann nur noch gemütlich mit einem Glasaufzug direkt ins Terminal hochgefahren wird, will Paps diesmal auch dort parken, und nicht im Parkhaus gegenüber (in dem es aber selbstverständlich viel günstiger ist. Ich fahre ja eigentlich auch immer passend los, so dass ich nicht ewig dort parke). Nun ja, leider ist das Parkhaus unten besetzt, also fahren wir in ein anderes hoch. Meine Güte, ist das voll hier. Etagen höher finden wir endlich einen Parkplatz, nachdem meine Ma und ich meinen Vater anmosern, da er einfach unserer Meinung nach zu schnell fährt, so dass wir kaum eine Chance haben, Parkplätze zu sichten, falls denn welche frei wären.

Wie gesagt, endlich finden wir einen, fahren mit dem Aufzug hinuter, überqueren die Strasse und betreten das Terminal. Aufregend, ich finde Flughäfen toll. Entweder freuen sich alle auf bevorstehende Ferien, umgekehrt freuen sich auch viele, wieder in heimische Gefilde zurück zukehren. Zwar sieht man meistens gestresste oder müde Gesichter, trotzdem strahlen alle eine gewisse Zufriedenheit aus. Ich möchte auch mal wieder wegfliegen. Das ist schon so lange her… Hach…

17

Wir schauen uns den Monitor an, um zu sehen, an welchem Band sein Koffer ausgeladen wird und stellen uns vor die Türen.
Und wieder müssen wir warten. Das Flugzeug ist noch nicht einmal gelandet und wir stehen schon da. Dummdidummdidumm...

Ma bekommt Hunger. Ich schlage vor, wir könnten uns ein Schokobrötchen teilen, schließlich werden wir später gut frühstücken. Also wird Paps kurzerhand zum nächsten Bäcker geschickt, der nicht weit weg ist und muss einkaufen.
Selbstverständlich gibt es bei diesem Bäcker keine Schokobrötchen, nur Schokocroissants. Auch das noch, 3x soviel Fett. Ma guckt auch schon leicht zerknirscht, aber wenn es eben nichts anderes gab...
Ich find es lecker und zum Glück schmeckt es nicht so extrem nach Fett, wie die normalen. Also, mir schmeckts gut. Ma wohl nicht so, sie sieht zumindest nicht sehr begeistert aus.

Nach einer geschlagenen Stunde kommt mein Onkel endlich durch die Schiebetüren. Sein Koffer kam recht spät. Er macht seine üblichen Späße, wer ich denn sei und sieht sehr müde aus. Wir gehen zum Auto und fahren zurück nach Hause. Diesmal gemütlicher. Trotzdem scheint mein Onkel teilweise die Fahrt noch zu zügig zu sein, so krallt er sich an den Handgriff.

Als wir zu Hause ankommen, möchte er erstmal ein Bier. Hat sich nicht geändert. Dann klingelt plötzlich das Telefon, mein Herz beginnt schneller zu schlagen. Sollte das Kleid endlich da sein?

Aber es ist „nur" mein anderer Onkel, der sich erkundigen möchte, ob sein Bruderherz gut angekommen ist. Laberrababer, haltet die Leitung frei, wir erwarten einen wichtigen Anruf. Quatschen könnt ihr noch heute Abend, denk ich mir. Leg endlich ah-auf!

Gut, Leitung ist wieder frei, hoffentlich haben die nicht gerade jetzt angerufen, als besetzt war.

Also frühstücken wir. Lecker, mal wieder Brötchen aus der Bäckerei. Unter der Woche gibt es bei uns generell nur Brot, meistens zwar selbstgebackenes, und am Wochenende Aufback-Brötchen. Aber nichts geht über frische Brötchen vom Bäcker...

Ich bin fast mit dem Frühstück fertig, da bimmelt das Telefon.

Wieder beginnt mein Herz schneller zu schlagen, wer ist wohl dran?

Juhuu, der Brautmodenladen! Das Kleid ist gerade angekommen. Na, das ist doch toll. Esst doch schneller Leute, wir müssen gleich los. Zackig!

Die Inhaberin fragt, wann wir kommen möchten, um das Kleid abzustecken. „Sofort", möchte ich in den Hörer schreien. Ich stresse schon wieder. Es wäre nicht jeden

Tag eine Näherin da, Freitag wären schon alle Termine vergeben und Samstag wäre niemand zum abstecken da. Ich glaube, ich höre nicht recht, auf die Idee, heute noch einen Termin zu machen, weil der Hochzeitstermin nun ja in mehr als greifbare Nähe gerückt ist, kommt die Dame nicht.

Erst nachdem mein Paps die Frau erneut daran erinnert, dass die Hochzeit nächste Woche Freitag ist und ich heute frei habe, fragt sie gehetzt nach, wann wir denn dann heute kommen könnten, und mein Paps sagt, dass wir sofort kommen könnten, nur eben zu Ende frühstücken müssten.

Ich bin schon fertig! Also beeilt euch!

Irgendwie tut mir mein Onkel jetzt schon leid, er hatte sicher gehofft, dass er sich aufs Ohr hauen kann, aber nix da, da muss er jetzt mit durch. Er schenkt meiner Ma noch eine Perlenkette und mir ein Armband. Ich düse schon rüber ins andere Zimmer, um alles zusammen zu packen, was zur Anprobe mitzunehmen ist....

-18-

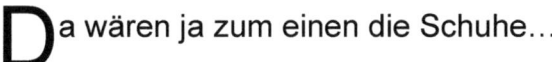Da wären ja zum einen die Schuhe...

Die haben wir in einem neu eröffneten Brautladen in meiner Heimatstadt bekommen. Ja, der hat mittlerweile auch geöffnet. Bis wir den Brautladen allerdings gefunden hatten, vergingen auch einige steßige Minuten, wie immer, wenn meine Eltern und ich unterwegs in unbekannten Gegenden sind.

Man muss sich das so vorstellen, alle wissen es besser, alle sehen irgendwo einen Hinweis auf das Geschäft, einer schmeißt dann schon vorab die Flinte ins Korn, so dass es dieser Meinung nach den Laden gar nicht gibt, man völlig falsch wäre, wohingegen die anderen trotzdem weitersuchen etc. Eigentlich, denke ich, wie in jeder gut funktionierenden Familie, nicht wahr?

Und wenn man den Laden dann doch entdeckt, schütteln alle wieder einmal den Kopf und lachen über die Blindheit, die eigene und die der anderen und über die typische Hektik, die man zu schnell und zu oft verbreitet.

Also steigen wir aus, und - wie war es anders zu erwarten - zicke ich mal wieder und weigere mich als erstes den Laden zu betreten.

Ich weiß, albern, aber so bin ich nun mal. Also schauen wir uns erst die kleine Auslage an. Und da sehe ich sie, diese wunderschönen Schuhe, mit kleinen Röschen drauf. Die passen ja wohl super zu dem bestellten Kleid. Creme, mit genau der richtigen Absatzhöhe, zu flach sieht, wie ich finde nichts aus. Sogar die Absatzbreite ist hervorragend, darauf bin ich geübt zu laufen. Ganz einfach, der gesamte Schnitt ist perfekt. Meine Augen beginnen zu glänzen, DIE sollten es sein. Aber das sag ich noch keinem, erst einmal lass ich fallen, dass mir Schuhe in der Richtung gut gefallen würden.

Das einzige, was nämlich leider nicht stimmt, ist der Preis. Ein stolzer Preis. 109 € sollen die himmlischen Treterchen kosten.

Aber woanders haben wir die passenden Schuhe entweder nur mit falscher Absatzfarbe oder aber noch teurer gesehen.

Schließlich erbarmen sich meine Eltern, die Tür zu dem Laden zu öffnen und hinein zu treten. Glück gehabt. Ich hätte wieder Herzrasen bekommen, weil ich wieder zu nervös gewesen wäre.

Bin ich ja auch so schon.

Die Verkäuferin ist schreiend motiviert. Mit greller Stimme fragt sie, wie sie uns helfen kann. „Wir suchen Schuhe", die Auswahl ist nicht sehr groß, ich habe in der Regel Größe 38, aber sie empfiehlt mir, die Schuhe in 39 zu nehmen, da man am Abend schon leicht geschwollene Füße habe und nach all dem tanzen die Füße nur noch mehr anschwellen. Also nehme ich mir - zur Tarnung- noch ein anderes Paar Schuhe mit, besser gesagt, sie werden mir gebracht, wobei ich sagen muss, dass ich mich daran nicht gewöhnen kann, dieses Brimborium um eine Braut, nicht meine Welt. Der andere Schuh, der noch zur Auswahl stand, war glücklicherweise nicht in meiner Größe da, aber sie könne den Schuh selbstverständlich bestellen. Sie könne auch noch andere bestellen, da der Laden gerade erst eröffnet wurde, habe sie nicht soviel zur Auswahl. Sie wolle erst einmal schauen, wie der Laden läuft. Dann könne sie über eine Sortimentserweiterung nachdenken.

Von mir aus nicht, ich hab die Schuhe doch schon gefunden, ich möchte sie einfach nur endlich anprobieren dürfen…

Und schon stecke ich mit meinem rechten Fuß mittendrin. Herrlich, schön, drückt nicht, quetscht nicht. Ich gehe ein paar Schritte, mein Endschluss steht fest. Der ist es.

Ob der Absatz nicht zu hoch wäre, war die nächste Frage.

Nein, meine Güte, der Schuh ist genial, lass mich doch in Ruhe und versuche nicht, mir den Schuh madig zu machen, abschwätzen kannst du mir den eh nicht mehr, der Zug ist abgefahren, denke ich und sage nur „Nein, ich bin die Höhe gewohnt". So, der hab ich's gegeben. Sie kann doch froh sein, dass ich ein passendes Paar gefunden habe und sie Umsatz machen kann.

„Probieren Sie noch das andere Paar, das sieht sicher auch sehr hübsch aus". Nein, das sieht nicht hübsch aus, ich möchte keinen flachen Blockabsatz, ich will diese

Schuhe, die ich anhabe, was ist daran so schwer zu verstehen?

Aber selbstverständlich sage ich auch diesmal nicht das, was ich denke, das wäre ja unhöflich. „In Ordnung, dann probiere ich die anderen Schuhe jetzt auch noch", obwohl ich dazu eigentlich keine Lust habe, hätte ich gerne hinzugefügt.

Gesagt, getan, in die anderen Schuhe geschlüpft. Die drücken tatsächlich an allen Ecken und Kanten, hätte ich nie gedacht, die sahen so harmlos und bieder aus. Ausgeschieden, endgültig. Das sage ich diesmal allerdings auch.

Die Entscheidung ist gefallen, ich nehme die, die mich schon im Schaufenster so angelächelt haben und mir quasi ins Ohr geflüstert haben „nimm mich, ich passe so gut zu dir, ich passe so gut zu deinem bestellten Kleid".

Jetzt erhellt sich meine Laune sichtbar. Hihi, ich hab die schönsten Schuhe, die ich mir für meinen großen Tag einfach nur denken kann…

Ach, wo wir gerade dabei sind, ein Täschchen braucht die Braut von heute ja auch. Und hier stehen so viele süße kleine auf den Regalen.

Also lassen wir die Verkäuferin suchen. Ich merke, dass auch meine Ma immer mehr gefallen an diesem Shoppingtrip findet. Für Schuhe und Taschen ist sie auch immer zu haben. Eine Verbündete, mein Paps, oder Männer generell können das bestimmt nicht nachvollziehen, obwohl mein zukünftiger Mann auch einen ausgeprägten Schuhtick entwickelt, schlechter Einfluss meinerseits vielleicht? Nö, man muss nun mal zu jedem Anlass den passenden Schuh parat haben. Und zu jedem Oberteil die passende Fußbekleidung sieht nun mal einfach schick aus, das hat nichts mit mir zu tun, nein, nein...

Nun kommt die Verkäuferin mit unterschiedlichen kleinen Taschen zu uns. Mit Perlen, mit Pailetten, mit Kordelhalter, ne, die mag ich nicht, passen nicht. Ich brauche was schickes Schlichtes. Und da bringt sie mir die Richtige. Bogenboden, schlicht glatt, klein, einfach schön.
Auch meine Ma ist angetan und wir entscheiden uns spontan für dieses Täschchen. Die trägt man am Handgelenk, wird mir gesagt, gut zu wissen, ich hätte sie einfach nur in die Hand genommen (werde ich wahrscheinlich auch machen, so am Handgelenk ist mir zu etepetete).
Und Ma fällt ein, dass ich auch noch Strümpfe und Haarschmuck brauche. Ich stehe nicht auf Schleppen, also hab ich mir gedacht, dass ein paar schöne Blüten schön aussehen würden.
Strümpfe sind sofort greifbar. Halterlos, unter dem Rock mit Strapsen würde nichts aussehen, da die durchdrücken würden.
So helle, mit breiter Spitze. Ich merke aber sofort an, dass die mir immer runterrollen, es ist ja nicht so, dass ich so was noch nie anhatte. Da gäbe es in Sanitätshäusern einen Hautkleber, der die Strümpfe oben hält, den sollten wir dann auch dazu kaufen.
Na gut, dann machen wir das. Und dann schauen wir uns in einem Hochglanzprospekt den Haarschmuck an. Ganz „in" sind dieses Haar wohl einseitige Steckkämme, igitt, die gefallen mir gar nicht. Ich mag es lieber symmetrisch, auf beiden Kopfseiten dieselbe Menge an Kopfschmuck. Und nicht nur einen so komischen Kamm an einer Seite,

erinnert mich irgendwie an Raumschiff Enterprise. Und viel zu teuer.

Allerdings wären hier die Röschen auch teuer. 3,50 € pro Stück, das ist happig. Da nehmen wir lieber erstmal nichts.

Reicht ja auch. Ich frage nur noch nach Schlürbis. Die habe ich auch noch nicht. Und nach dem ersten Anprobe-Reinfall möchte ich so eine Situation nicht zwingend noch einmal erleben. Also bräuchte ich einen normalen, am besten ohne Zick und Zack. Einen, der nichts abmalt. Aber nichts zu machen, die Verkäuferin verweist auf Wäscheläden, in denen es eine breite Auswahl an sämtlichen Unterhosen zu erwerben gibt. Na gut, dann guck ich eben da nach.

Also wird die Beute in eine Tüte verstaut, die Quittung ausgestellt, meine Güte, die nehmen vom lebendigen, für diese 3 Teile, darüber darf man gar nicht nachdenken...

Und Paps bezahlt erneut. Das wird mir langsam aber wirklich peinlich.

Eigentlich wollte ich zahlen, normalerweise zahlt ja der Bräutigam die Schuhe, aber irgendwie komme ich da nicht durch, und meine Freundin Hanna auch nicht. Dafür rückt Jost keinen Cent heraus, leider.

Also springt mein Paps ein.

Mit Schuhen, Strümpfen und Tasche gewappnet, verlassen wir den Laden. Jetzt haben wir ja fast alles, bis auf die Unterhose...

19

Das wird auch noch ein Akt, die passende Unterhose zu finden.

Schlimmer, als ich es dachte. Wir gehen an einem Wochenende ins Wäschehaus, aber weit und breit keine creme farbige Unterhose zu sehen, scheint wohl out zu sein. Nur BH's, die brauche ich aber nicht.

Also weiter, aber irgendwie finde ich nirgends was. Dann gehe ich flott in einen kleinen Wäscheladen, direkt kommt eine Verkäuferin auf mich zu, um mich zu fragen, ob ich mit den Größenangaben zurecht komme. Das mag ich ja gar nicht, kaum im Laden, schon belagert. Ich hatte doch noch gar keine Zeit, mich umzusehen, egal, ich sage einfach „ja, ich möchte mir nur umschauen" und dann zieht sie, weiter beobachtend etwas weiter ab.

Ich schaue mir einen schlichten Schlüppi an, sieht ganz gut aus, malt sicher auch nicht ab, also schauen wir mal nach dem Preis.

Schluck, ne danke, den Laden möchte ich nicht kaufen, 34,95€ für eine dämliche Unterhose, nee, ich bin meinem Geld nicht böse.

Also ergreife ich die Flucht.

Nirgends was zu finden. Dann gehe ich eben ohne, Jost würde es sicher gefallen…

Na ja, es wird ja wohl nicht an einer blöden Unterhose scheitern – oder doch?

Natürlich nicht, ich bin ja neuerdings begeisterte Kataolg-Bestellerin, da gibt's wirklich schöne Klamotten zu akzeptablen Preisen, und das schöne ist, die Klamotten passen mir auch noch. Was ich in anderen Bekleidungsgeschäften nicht unbedingt behaupten kann, da werden Shoppingtouren immer zum Desaster und führen bei mir meistens nur zu Depressionen und stundenlagem Schweigen.

Also bestelle ich aus dem Katalog einen Doppelpack creme Unterhosen mit leichter Spitze für 9 € (für beide!!!), da kann man nichts sagen.

Und die passen auch, schön locker, gequetschte Unterhosen sind nix für mich, die hab ich gerne locker.

…

Also packe ich die Schuhe und die Unterhose in einen Beutel und wir machen uns, zusammen mit meinem Onkel auf den Weg zu dem Brautmodenladen.

Ich bin schon ganz aufgeregt. Ich hoffe nur, dass nicht allzu viel geändert werden muss. Ich hab seit der ersten Anprobe des Musterkleides noch 3 Kilo an Gewicht verloren, und das Kleid wurde ja bekanntlich groß bestellt.

Als wir ankommen, bin ich schon so nervös, dass mir so kalt ist, dass ich anfange zu zittern. Auch typisch für mich. Entweder zittere ich oder aber ich muss auf die Toilette, wenn ich nervös bin. Schlimmstenfalls beides in Kombination.

Und? Schaffe ich es diesmal, zu klingeln und als erstes einzutreten?

Nein, natürlich nicht.

Aber immerhin werden wir schon erwartet.

Wir müssen noch warten, weil alle Verkäuferinnen belegt sind.

Aber dann sind wir endlich an der Reihe.

Diesmal bin ich so nervös, das es mir nicht mehr soviel ausmacht, dass ich wieder einen alten verfärbten String-Tanga drunter trage. Stören tut es mich zwar wieder, aber daran ändern kann ich jetzt nichts mehr. Viel wichtiger finde ich es, dass wir schnell schauen, was geändert werden muss, denn schließlich rennt die Zeit...

20

Und Zeit ist Geld.
Also komme ich in voller Montur rausgewatschelt. Das Kleid ist irgendwie überall zu groß, die Korsage steht ab, dass man glatt etwas hineinpacken könnte, der Rock ist obenrum zu weit. Aber die Länge, ich habe ja die Schuhe an, könne so bleiben. Finde ich auch.

Ich muss noch mal in die Kabine zurück, die Wäschekorsage ist mittlerweile leider auch zu groß geworden. Die muss eine Nummer kleiner sein. Aber die Inhaberin ist zuversichtlich und macht sich auf die Suche. Kurze Zeit später kommt sie mit der passenden zurück und zieht sie mir wieder an. Sie scheint zu merken, dass es mir nicht behagt, so nackend rum zu stehen. „Meine Güte, Sie haben aber noch ganz gut abgenommen" ist das einzige, was ihr einfällt. Schönen Dank auch. Dann wieder rein ins Kleid. So schlimm wäre es ja angeblich nicht, da etwas weg, und dort, dann passt es schon. Na, das werden wir noch sehen, ich glaube ja nicht wirklich daran...

Ich komme also erneut raus. Die Inhaberin ruft hetzig die Näherin „da, der Briefkasten muss weg", gemeint ist der Vorbau an meinen Brüsten. Die Näherin ist eine ausländische Mitbürgerin. Sie macht keinen einzigen eigenen Vorschlag sondern lässt sich von der Inhaberin diktieren, was sie zu tun hat. Das wundert uns schon, denn schließlich sollte sie die Fachfrau sein und nicht die Inhaberin. Aber als die Näherin in meine Korsage sichtbare Abnäher nähen möchte, bezweifle ich, ob sie überhaupt Ahnung davon hat. Das würde ja die ganze Korsage verschandeln. Meiner Ma sehe ich auch an, dass sie stinkig wird.

Die Inhaberin sagt auch sofort, das Abnäher nicht in Frage kommen würden, vielmehr müsse sie an den Stäben arbeiten, dort auftrennen und wegnehmen. Also steckt die Näherin ab, entfernt Rosen, steckt wieder ab, bis es obenrum einigermaßen sitzt. Ich drehe mich mehrmals, damit auch meine Ma sehen kann, ob alles ok ist, schließlich ist sie Hobbynäherin und hat schon zig Teile alleine fertig gestellt. Als alle zufrieden sind, kommt der Rock dran. Hier empfiehlt die Inhaberin, das Bündchen abzunehmen, dann wäre die Länge in Ordnung. Auch hier tut die Näherin das, was ihr gesagt wird, ohne auch nur irgendwie etwas dagegen zu sagen, sie wiederholt nur in ihrem gebrochenen Deutsch, was ihr aufgetragen wurde.

Dann nimmt sie an den Seiten jeweils etwas weg, so dass es so aussieht, als würde alles super sitzen, wenn es umgenäht ist.

Anschließend schauen mich meine Eltern und mein Onkel nochmals eingehend an und befinden das, was sie abgesteckt sehen, für gut. Auch ich kann nichts dagegen sagen, ich kann mir das Endergebnis nur schwer vorstellen.

Dann kommt die Inhaberin noch auf meinen zurückgelegten Schal zu sprechen. Ich sollte doch lieber einen in Creme wählen, dadurch, dass das Kleid nicht wie bestellt dunkel-weinrot ist, sondern hell-weinrot, passt der zurückgelegte Schal nicht mehr.

Eigentlich auch ein Witz, dass das Kleid einen anderen Farbton hat, als wir bestellt haben. Schließlich habe ich nach dem alten Ton Jost's Hemdfarbe ausgesucht. Und das die einem das nicht sagen, ist eigentlich eine Frechheit. Aber ändern können wir nun leider nichts. Also nehme ich den Schal in Creme.
Angeblich hätten sie auch nicht gewusst, dass der Farbton ein anderer ist und sagten uns, dass wäre schon die neue Herbstfarbe aus der Herbstkolletion. Ah ja...

Mit dem Schal in Creme siehts aber auch gut aus, vor allem kommt meine Sonnenstudio-gebräunte Haut hierbei gut zur Geltung. Denn da ich schulterfrei tragen werde, war ich die letzten Wochen regelmäßig im Sonnenstudio, damit meine Haut sich auch gut von der Creme-Korsage abhebt.
Alle sind recht zufrieden, das umgenähte Kleid könne ich am Montagabend wieder anziehen, es müsste dann auf mich geschneidert perfekt sitzen.
Ha, aber es sollte alles anders kommen...

Erst einmal finde ich es sowieso unmöglich, dass der Freitag und der Samstag als normale Arbeitstage dazwischen liegen, nur weil keine Näherin da sei, ich habe immer nur den nächsten Freitag im Kopf mit dem vorhergehenden Feiertag. Und da finde ich Montag recht knapp, da ich nicht glaube, dass da schon alles in Ordnung sein wird.

Ich hoffe es zwar, aber glauben tue ich es nicht.

Also verlassen wir den Laden wieder, mein Onkel meint sofort passend, die Chefin habe Haare auf den Zähnen, womit er zweifelsohne Recht hat. Eine Geschäftsfrau e-ben.

Kaum sind wir zu Hause, habe ich auch schon den nächsten Termin, im Fingernagelstudio. Ich möchte wenigstens zu meiner Hochzeit schöne, gepflegte Hände haben, und da gehören für mich schöne Nägel einfach dazu. Dann sehen meine Finger auch nicht mehr so babyhaft aus.

Also fahre ich in mein Stamm-Sonnenstudio, die Besitzerin macht nämlich auch die Nägel. Ich lasse mich beraten, nehme dann nur die weißen Spitzen und lasse mir meinen restlichen Naturnagel nur gelen. Sie macht mir anlässlich der Hochzeit noch einen Silberschimmer auf die Nägel und beide Ringfinger dekoriert sie mit Strasssteinchen. Sieht richtig edel aber nicht zu über aus. Gefällt mir sehr gut.

Schneller als erwartet sind wir fertig, ich zahle und fahre wieder zurück zu meinen Eltern.

Mein Onkel hat immer noch nicht geschlafen, alle schauen sich meine Nägel an und alles ist in bester Ordnung…

21

Der Montagabend naht.
Schon auf der Arbeit bin ich einfach nur nervös und angespannt…
Wann ist endlich Feierabend?
Um Punkt 17 Uhr stürme ich aus der Firma, mein Paps wartet schon mit meinem Onkel im Auto. Wir fahren noch meine Mutter abholen, ich besuche noch kurz die Toilette (man weiß ja nie…) und dann packen wir wieder die Tüte mit den Schuhen und der Unterhose ein und machen uns auf den Weg zum Brautmodengeschäft.
Um 17:35 Ihr kommen wir dort an, wir hatten einen Termin für 18 Uhr ausgemacht, dachten uns aber, je eher wir da sind, umso besser. Dann sind wir auch umso eher wieder zu Hause und können spachteln, also zu Abend essen.
Nach einem Arbeitstag hat man ja bekanntlich immer großen Hunger, was nicht heißen soll, dass ich nicht ständig etwas Leckeres essen könnte…
Erst werden wir ganz dumm angeschaut, nach dem Motto „was wollen Sie denn hier?", dann sagt mein Paps, dass wir einen Termin für 18 Uhr haben, wieder nur doofes Gegucke, schließlich dürfen wir uns schon mal in den anderen Raum begeben und uns setzen. Aber „Sie müs-

sen noch warten, wie ist Ihr Name?", als mein Paps ihr den Namen nennt, schaut die Frau in ihr Terminbüchlein um uns kundzutun, wir hätten gar keinen Termin, wir stünden nicht im Buch.

Wie bitte? Was soll das denn jetzt? Sind die hier alle total bekloppt? Wir standen doch selbst dabei, als unser Name eingetragen wurde und groß getönt wurde, der späte Termin wäre eine riesige Ausnahme, normalerweise würden sie um 18 Uhr keinen Termin mehr annehmen.

Die Inhaberin höchstpersönlich hat den Termin eingetragen.

Ich könnte schon wieder einen Anfall bekommen, so ein dummes Gerede. Hier weiß die eine Hand nicht was die andere tut.

Es wird weitergesucht, aber angeblich nichts gefunden. Der Laden ist gerappelt voll. Von wegen, riesen Ausnahme, blödes, wichtigtuerisches Geblubber. Ich ahne Schlimmes. Die machen hier so einen Aufstand, weil das Kleid einfach noch gar nicht fertig genäht ist, das wird's sein. Und tatsächlich, eine Verkäuferin rennt wie ein aufgescheuchtes Huhn durch den Laden, und findet es nicht. Das ist doch wohl ein Scherz, oder? Meine Ma wird schon wütend und bekommt einen dicken Hals. Scherzeshalber meint mein Paps noch „Paß auf, die Näherin hat das Kleid bei serbischer Bohnensuppe umgeändert und da ist bestimmt ein Fleck drauf, den die nicht rausbekommen". Mal den Teufel mal nicht an die Wand, das fehlt nur noch. Hoffentlich ist es diesmal wenigstens gebügelt, nicht so wie letztes Mal, als es angeblich gerade aus dem Karton genommen wurde und keine Zeit mehr zum groben überbügeln war.

Ich merke, wir mir die Zornesröte ins Gesicht steigt. Ich habe schrecklichen Hunger, Durst und dieses Hichhack raubt mir den allerletzten Nerv. Hier scheinen einfach nur Unfähige beschäftigt zu sein.

Alle hetzten durch die Gegend. Die Zeit vergeht und nichts geschieht.

Meiner Ma platzt bald der Kragen, sie will schon aufstehen und fragen, wie lange man uns noch sitzen lassen und verkackeiern will. Mein Paps und ihr Bruder halten sie allerdings zurück. Eine Verkäuferin scheint dies zu merken und ruft nur unfreundlich herüber „Sie sind gleich an der Reihe". Danke auch.

Um 18:15 Uhr sind wir dann endlich, nach langer Wartezeit, endlich dran. Das Kleid wurde urplötzlich denn auch gefunden. Wir ziehen alle nur Gesichter, ich bin schon wieder puterrot und bekomme hämmernde Kopfschmerzen. Das kann doch alles nur ein Witz sein.

Hetzig kommt die Verkäuferin mit meinem Kleid angelaufen, ich solle mich doch schon mal ausziehen. Das mache ich auch. Ziehe noch meine Brautschuhe an und den eigens hierfür gekauften Schlüppi und da kommt auch schon die Verkäuferin, reißt den Vorhang auf und hilft mir in die Wäschekorsage. Dadurch, dass ich so wütend bin, kann ich nicht richtig atmen. „Ists zu stramm?" Nein, nein, mach du nur...

Dann mache ich wieder die Delphin-Figur, damit sie mir den Rock über den Kopf ziehen kann. Danach ist die Korsage dran und bevor ich einen Blick in den Spiegel werfen kann, wird auch schon wieder der Vorhang aufgerissen und ich darf hinaus. Meine Eltern und auch mein Onkel schauen nicht wirklich begeistert drein. Irgendwie zwickt und zwackt die Korsage ganz schön. Und da sehen wir das Desaster...

22

Die Korsage wurde viel zu eng genäht. Auf meinem Rücken befindet sich eine zweite Arschfalte, weil alles so zusammengedrückt wird und vorne quillt die ganze Pelle über. Einfach schrecklich. Der Rock ist viel zu weit in der Taille, noch dazu kippt er nach vorne. Meine Schuhe sieht man nur von hinten, vorne würde ich über kurz oder lang über den Rock fallen. Und das Beste, in Kniehöhe ist ein Fleck, wie vorhergesagt. Mit Galgenhumor meint mein Paps dazu nur „da, die serbische Bohnensuppe".

Aber das könne man alles rausmachen, dafür gäbe es einen speziellen Fleckenentferner. Und mir kommt nur gleich der Gedanke, dass dann auch der Rot-Ton rausgeätzt wird...

Rundum: Eine totale Katastrophe. Ich merke, dass ich schon wieder feuchte Augen bekomme, reiße mich aber zusammen. Mir wird vor lauter Ärger immer wärmer und langsam bekomme ich Ausschlag. Das passiert mir nur äußerst selten und wirklich nur dann, wenn ich kurz vorm Ausrasten stehe. Am liebsten würde ich mir die Klamotten vom Leib reißen und ihnen vor die Füße werfen.

Das kann doch alles nur ein Alptraum sein. Am Freitag ist der große Tag und ich sehe obenrum aus wie eine Pellwurst und untenrum wie ein Clown.

Meine Mutter ist mittlerweile auch ganz rot im Gesicht, bei meinem Vater kommen die Feuermale zum Vorschein. Und in den Augen meines Onkels blitzt es gewaltig.

Meine Ma sagt, was alles falsch gelaufen ist, und die Verkäuferin fragt nur „ach sollte das nicht so eng sein? Ich dachte das sollte so sein, habe mich nur gewundert". Bekloppt oder was? Das ist ja wohl echt die Höhe. Als ob man sich freiwillig wie eine Pellwurst auf seiner Hochzeit zeigen will. Die tickt doch nicht richtig.

Die Inhaberin kommt dazu und schlägt die Hände schauspielerisch gekonnt über dem Kopf zusammen. „Nein, nein, so ginge das ja ganz und gar nicht". Ach nee, echt? „Ja, wissen Sie, die Näherin hat zu Hause Probleme, der Mann trinkt viel und schlägt sie wohl auch. Manchmal kommt sie hier morgens ganz verheult an und ich sage ihr immer, sie soll ihre Probleme zu Hause lassen und einfach nur gut arbeiten, aber so etwas kann ich gar nicht verstehen..." Ah ja. Sehr interessant.

Heute ist eine andere Näherin da. Die scheint auch insgesamt mehr Ahnung zu haben, zumindest widerspricht sie der Inhaberin auch.

Uns fallen immer mehr Fehler auf, auch die Rosen sind nicht an der richtigen Stelle angenäht. Das Kleid ist eine einzige Katastrophe.

Ich mag schon gar nicht mehr.

Die Männer auch nicht, mein Paps hat Hunger und mein Onkel Durst, also gehen sie und suchen nach der nächsten Ess -und Trinkgelegenheit. Und weg sind sie.

Die Korsage wird wieder aufgetrennt und lockerer gesteckt.
Der Rock wird in der Taille enger genäht, auch an den Hüften wird im Verlauf etwas weggenommen. Und gegen das nach vorne Kippen? Was wird da gemacht? Die Näherin meint, dass es daran läge, dass der Bund ausgetrennt wurde. Das wäre das Schlechteste, was man machen könnte. Na super. Da hat jemand aber Ahnung...

„Ja, aber das haben wir doch schon sooft gemacht, warum sagt mir das denn keiner? Es werden keine Bündchen mehr abgetrennt" meckert die Inhaberin.
Kann die Frau nicht einfach ihre Klappe halten?
„Sie wissen ja gar nicht, wie sehr das meine Nerven belastet, das nimmt mich richtig mit." Sei still, verdammt.
„Und ich bin ja so froh, dass Sie noch so viel Verständnis für alles aufbringen und hier nicht rummeckern, was meinen Sie, was ich mir schon alles anhören musste?", will die alte Kuh jetzt auch noch Mitleid oder was? Das ist ja wohl nicht ihr Ernst. Ich bin kurz davor ihr ein „Ohhhh, arme, arme Frau Brautmodeninhaberin" entgegenzuschreien. Jetzt reicht es mir langsam wirklich.
Aber es soll noch besser kommen.

Der Rock kippt nicht nur nach vorne, sondern auch noch zur Seite.
Das erklärt man sich in diesem Laden nur so „Sie haben ein Bein kürzer als das andere", Hallo? Jetzt ist das Fass

aber langsam wirklich voll! Welche Frechheiten muss ich mir hier denn noch bieten lassen?

Meine Mutter geht sofort dazwischen „Also ich höre ja wohl nicht richtig", „Haha, das sollte ein Scherz sein, so was sagt man doch, wenn etwas nicht in der Waage ist", schiebt die Inhaberin direkt hintendran. Also, zu Scherzen bin ich nun nicht mehr aufgelegt.

Irgendwann ist auch mal gut.

Der Rock wird abgesteckt. Ich kann mich zigmal drehen wie eine Spieluhrenfigur, aber er ist immer noch schräg. Zum Glück sieht meine Ma so was und mäkelt und mäkelt. Die drei Damen von Dienst werden langsam nervös und zwei schmeißen sich schon auf den Boden, die Näherin und die Verkäuferin, die Inhaberin bleibt dabei stehen. Als würden sie von da aus mehr sehen. So ein Quatsch. Und die beiden Bodenrobber unterhalten sich „Sehen Sie noch was? Also ich sehe nichts mehr". Aber meine Ma sieht noch immer etwas. Dort eine Delle, dort kippt noch etwas... Richtig so Ma!

Dann kommt es aber noch dicker:„Sie haben wohl einen Hüftschaden" ist das nächste, was ich mir anhören darf. Jetzt ist aber genug. Meine Mutter wird ebenfalls puterrot und etwas lauter. Sofort wird wieder gesagt, dass es nur ein Scherz sein sollte. Allein schon so was zu sagen ist einfach eine bodenlose Frechheit. Am liebsten hätte ich unregelbare Zuckungen in den Beinen, die Verkäuferin zu meinen Füßen würde ich gerne wegtreten, soweit haben die mich schon. Aber in dem Moment schäme ich mich dieses Gedankens nicht.

Ich bin schon völlig verzweifelt. Ich habe langsam wirklich keine Lust mehr. Am liebsten würde ich alles abblasen.

Wenn ich gewusst hätte, dass es noch so ein Desaster geben würde, hätte ich das alles nicht gewollt. Ich will einfach nicht mehr.

Wieder darf ich mich wie ein Spieluhrenpüppchen drehen.

Das ganze dauert und dauert.

Inzwischen kommen auch schon die Männer zurück. Jost habe ich auch schon bescheid gegeben, dass er ohne mich essen soll. Wer weiß schon, wann wir hier fertig werden.

Soweit scheint alles gut abgenäht zu sein. Um etwas mehr Sicherheit hinein zubringen, befiehlt die Inhaberin der Näherin, grob vorzunähen, damit ich dann alles nochmals anziehen kann, erst dann sollte sie endgültig fertig nähen.

Also lasse ich mich wieder rauspellen, warte mit meiner Ma, immerhin bekommen wir jetzt auch etwas zu trinken. „Der Stoff leidet. Wenn die das Kleid noch ein paar Mal auftrennen und wieder zunähen, können die es wegschmeißen, dann ist es hinüber." meint meine Ma.

Ich sag gar nichts mehr, das ist mir viel zu anstrengend und meine Kopfschmerzen dröhnen.

23

Etwas später kommt die Näherin mit dem vorgenähten Kleid. Also werde ich wieder hineingestopft. Diesmal ist die Korsage zu groß. Ich krieg die Krise. Wieder auftrennen, wieder abstecken, wieder neu nähen. Irgendwann, da hat meine Ma recht, ist der feine Stoff hinüber und ich stehe ohne da. Das fehlt mir noch zu meinem Glück.

Der Rock ist auch immer noch nicht fertig. Er sitzt immer noch nicht richtig an den Hüften und immer noch kippt er zur rechten Seite, da ist immer noch eine Beule drin. Also schmeißen sich die beiden Damen erneut auf den Boden, die Verkäuferin fragt schon ganz entnervt, ob Ma noch etwas sehen würde. Natürlich sieht sie noch etwas, Pech gehabt Leute. Ausbessern! Ich bin wirklich froh, dass meine Ma ein so gutes Auge diesbezüglich hat. Die Inhaberin sagt dazu nur „ja, das muss sitzen, das muss einwandfrei passen und fallen, da haben Sie Recht". Danke, Schleimscheisserin.

Also drehe ich mich wieder, und wieder, du wieder. Bis alles in Ordnung zu sein scheint. Die Bodenturnerinnen holen sich noch das letzte OK von meiner Ma, die nur noch meint, dass sie das Kleid doch hätte besser alleine nähen sollen. Und die Inhaberin schimpft nur noch „ich nehme keine farbigen Kleider mehr, damit haben wir nur Probleme". Und ich komme nicht umhin mich zu fragen, was das mit farbigen Kleidern zu tun hat. Wenn die Damen nicht in der Lage sind, einen normalen, einfachen Rock anständig umzunähen, na dann weiß ich auch nicht. Korsage mag vielleicht schwer sein, aber dafür haben sie das doch schließlich gelernt, oder nicht?

Ja, laber' du nur mal, denke ich mir.

Mein Vater fragt nur noch, wann er das Kleid abholen kann.

Schließlich setzt er durch, dass er es morgen, also Dienstag ab 14 Uhr abholt, bis dahin muss alles fertig sein, richtig umgenäht, gebügelt, Flecken entfernt.

Ich bin nun wirklich am Ende mit meinen Nerven, und nicht nur ich.

Am liebsten würde ich einfach nur heulen, aber selbst dazu bin ich nicht mehr in der Lage. Ich bin einfach nur platt, richtig platt.

Und ich habe einen Mordshunger...

Wir fahren allesamt nach zu Jost, der wartet schon. Getränke sind kalt gestellt. Jetzt auch noch in den zweiten Stock kraxeln, uns bleibt auch nichts erspart.

Mein Onkel sehnt sich nur nach einem kühlen Blonden, ebenso mein Paps, meine Ma und ich dürstet es nach Wasser.

Was für eine Pleiten-Pech-und-Pannen-Hochzeit...

Am Dienstagmorgen bin ich immer noch völlig KO. Die Kollegen fragen neugierig und ich erzähle. Alle sind empört, selbstverständlich.

Nach der Arbeit rufe ich, wie immer bei meinen Eltern an. Das Kleid war fertig, er hat den Rest bezahlt, und 20 € auf die Umnäherei bekommen, wegen dem Zirkus. Auch eine Frechheit, eigentlich hätten die das umsonst machen müssen.

Ich habe keine Lust mehr, zu meinen Eltern zu fahren, um das Kleid anzuprobieren. Eigentlich trau ich mich einfach nicht mehr.

Ich hab mir kurzfristig deswegen am Mittwoch noch frei genommen.

Da ist ja der letzte Tag, an dem eventuell noch etwas gerissen werden kann.

Die Nacht schlafe ich nicht besonders gut.

24

Nun einmal Jost's Einkleidungs-Geschichte. Vielleicht nicht ganz so spektakulär wie mein Martyrum, aber doch auch nicht ganz ohne.

Zu einer Hochzeit gehört es sich für den Bräutigam, im Anzug zu erscheinen. Auch wenn man „nur" standesamtlich heiratet. Den haben wir zwischenzeitlich, als wir noch auf mein Kleid gewartet haben, besorgt. Früh genug machen wir uns auf, einen schönen, schicken und widertragbaren eben solchen Anzug zu finden.
Da wir ja eine nette Nachbarin haben, die in einem renommierten Modehaus arbeitet, beschließen wir, zuerst dieses Modehaus aufzusuchen. Allerdings nicht bevor wir unserer Nachbarin bei ihrer Arbeit im Wäschehaus einen Besuch abgestattet haben. Denn sie bekommt selbstverständlich den beliebten und für uns lukrativen Mitarbeiterrabatt.
Gesagt – getan. Sie freut sich und empfiehlt den Anzug zurücklegen zu lassen, nochmals bei ihr vorbeizuschauen und dann ihre Karte abzuholen, um den Rabatt bei Bezahlung einzustreichen.
Wir sind guter Dinge, bedanken uns und steuern das Modehaus an.

Die Herrenabteilung befindet sich im 2. Stock. Also fahren wir die Rolltreppe rauf. Oben angekommen bemerke ich, dass die Anzugsabteilung erschreckend klein ist. Na, ob wir hier fündig werden? Und welche Größe hat mein zukünftiger Mann überhaupt? Hm, na ja, schauen wir erstmal, ob etwas optisch Ansprechendes auf den Ständern zu finden ist...

Da sind vereinzelt Anzüge, die nicht schlecht aussehen, aber so wirklich umhauen tun sie uns nicht.

Was nimmt man? Schwarz erinnert an eine Beerdigung, Nadelsteifen vielleicht?

Braun ist nur saisonbedingt und hängt für immer und ewig im Schrank, auf dass der Anzug nach der Hochzeit nie wieder ans Tageslicht gerate, obwohl es wirklich schöne braune Anzüge gibt. Blau? Nee, erinnert so an Busfahrer.

Igitt, was erblicken meine Augen da? Oh je, die komischen Pumphosen scheinen auch wieder IN zu sein, wie schrecklich, entstellen jeden Mann, egal wir gut die Figur an sich sein mag, furcht erregend. Welcher Modezar ist bloß auf die blöde Idee gekommen, diese Pumpballonhosen wieder auszugraben? Schämen sollte er sich und die ganzen Nachahmer auch!

Ah, da kommt ein junger Mann auf uns zu - Mitarbeiter in diesem Modehaus – und fragt, ob er uns helfen könne. Da keiner von uns beiden Jost's Konfektionsgröße weiß, freuen wir uns. Schließlich muss ein guter und engagierter Verkäufer sich ja mit den Größen auskennen und einen Blick für die passende des betreffenden Kunden aufweisen, oder?

Tja, falsch gedacht. Die erste Frage von dem Top-Verkäufer „welche Größe haben Sie denn?" ZACK – durchgefallen. Schon verschissen. Und außerdem sind hier eh nur hässliche Pumphosen-Anzüge. Na ja, trotzdem schauen wir mit ihm noch einmal durch die Ständer. Zuerst rät er uns zu einer Kombination (nichts dagegen einzuwenden, wirklich nicht, es sollte aber doch etwas Anständiges zu einer Hochzeit sein). Bei dieser Kombination schlägt der Pimpf doch tatsächlich eine dunkel-beige-farbende Jeanshose vor? HALLOOOO, jemand zu Hause? Wohl etwas unpassend, gell?

Dann zeigt uns der Verkäufer, der weiß wo es lang geht und total motiviert zu sein scheint ein Jackett in der „Alltagsklamotten-Abteilung". Super, ja, genau. Volltreffer, eine total sportliche Jacke, das ist das, was wir zu einer Hochzeit suchen, klar doch. Meine Güte, hat der Ahnung… am liebsten würde ich ihm meine Meinung sagen, aber ich lass es lieber, ich will ja hier niemanden in der Motivation hemmen.

Dann schaut er endlich nach einem Anzug, oh Wunder, anthrazit, Jost zieht diesen auch an. Igitt, da ist sie, die Pumphose, wie schäbig. Da kann man auch gleich einen Sack anziehen. Da bekommt man ja Augenschmerzen, so grottenhässlich ist das Teil. Verboten gehört so was. Vielleicht stelle ich mich mal in die Stadt auf den Marktplatz und starte eine Demo „GEGEN PUMPHOSEN" oder so.

Statt dass sich der Verkäufer zu den Umkleidekabinen bewegt, schlendert er lässig zwischen den Anzugständern umher. DANKE SEHR. Na ja, sieht eh scheiße aus. Und hiermit beschließe ich, dass man in diesem Modehaus keinen Anzug kaufen kann. 1. keine schönen Objekte, 2. ein sich „überschlagender" Verkäufer. Nee, danke.

Klamotten scheiße – Beratung scheiße, da bleibt ja nur die Flucht.

Da verzichte ich dann auch gut und gerne auf den Mitarbeiterrabatt. Ehrlich!

Somit gehen wir zum nächsten Modehaus, schließlich haben die sich gemausert und soweit ich informiert bin, haben die da auch das Anzugsbaukastensystem und absolut akzeptable Preise. Aber auch hier werden wir nicht fündig, zwar gibt's hier schöne Teilchen, vor allem die niedrigen Preise machen Jost Spaß, aber es ist nichts Passendes zu finden, die Qualität ist auch nicht so prickelnd, irgendwie sieht man überall die Nähte aufklaffen, obwohl der Anzug wohl noch an niemanden außer am Bügel gehangen hat. Dann eben nicht, weiter, es gibt ja noch so viele Läden...

25

Also steuern wir Modekette Nr. 3 an. Vorher sagen wir allerdings noch unserer Nachbarin bescheid, dass wir ihre Karte nicht benötigen, da wir nichts gefunden haben, soviel Zeit muss sein.

Hier angekommen, ist die Abteilung zwar nicht viel größer, dafür aber sind hier viele Baukästen und andere Anzugstypen und Preise von xy bis yz.

Wir schlendern zwischen den Ständern her, da kommt eine Verkäuferin auf uns zu. Die erahnt sofort Jost's richtige Größe, sollten wir endlich an den richtige Laden gekommen sein? Sie zeigt uns eine breite Auswahl verschiedenster Anzüge, schließlich einen wirklich schönen einer jungen Modemarke, schwarz glänzend, schmaler Schnitt, KEINE Pumphose! Wow, der sieht echt gut aus, etwas längere Jacke.

Also probiert Jost ihn an, nimmt noch andere mit in die Kabine, aber an und für sich ist die Entscheidung, sollte das Teil passen und gut aussehen, gefallen. Der erste Anzug ist schon nicht schlecht, aber zieh doch mal den anderen an. Ja, das ist er, Hose Kilometer zu groß, aber das kann man ja ändern lassen. Die Jacke hat eine hervorragende Länge und die Arme sind auch nicht zu kurz. Sogar die Beinlänge stimmt. Und dieser schöne Schimmer, lässt den schwarzen Anzug gleich richtig festlich und edel aussehen. Auch die Verkäuferin ist angetan und findet, dass es dieser Anzug sein sollte, er wäre passend. Und genau das finden wir auch. Um uns nichts vorzuenthalten, zeigt sie uns noch weitere, von bekannten Modeschöpfern aber auch günstigere.

Nichts kommt an diesen Anzug heran. Er scheint wie für Jost gemacht. Also schlagen wir zu. Eine Näherin kommt, um die Hose enger zu stecken. Klappt wie am Schnürchen. Hach, endlich mal Aufatmen, ich freue mich richtiggehend.

Jetzt brauchen wir nur noch ein weinrotes Hemd und eine creme-farbende Krawatte oder umgekehrt. Dazu bittet uns die Verkäuferin aus der Anzugsabteilung in die untere Etage zu ihrer Kollegin in der Hemdenabteilung.

Wir sind richtig froh, dass wir einen Anzug haben, bedanken uns bei der netten und wirklich kompetenten Verkäuferin und fahren die Rolltreppe herunter in die Hemdenabteilung.

Da erwartet uns wieder das genaue Gegenteil. Keiner fühlt sich zuständig, also machen wir uns selbst auf die Suche, können aber kein Hemd in dem passenden Ton finden. Also laufe ich schon mal zu den Krawatten, creme ist momentan wohl gar nicht angesagt??? Ah, da ist eine. Eine mit einem Stolzen Preis, 69,95 € für eine KRAWATTE??? Wir sind doch nur poplige Angestellte, also annähernd 70 € für eine einfache Krawatte sind wir nun wirklich nicht gewillt zu zahlen, wir haben ja keinen Dukaten-Esel zu Hause. Nee, aber vielleicht findet man damit doch noch den richtigen Rot-Ton? Also laufe ich mit der Krawatte in der Hand zu allen roten Hemden, die mir ins Auge fallen.

Bis, ja bis mich eine Verkäuferin aufhält „wollen Sie die Krawatte kaufen?", aber in was für einem Ton, HOLLA! Ich „eventuell, wenn ich dazu das passende weinrote Hemd finde". Sie pammt „eigentlich macht man das ja genau umgekehrt, man sucht sich zuerst das Hemd und dann dazu die passende Krawatte aus". Klugscheißerin. Wenn ihr das passende Hemd aber nicht zu haben scheint… Am liebsten würde ich der aufgeblasenen Pute die Krawatte sonst wohin schieben. Aber, vielleicht brauchen wir sie ja noch, also sage ich ihr, dass wir ein weinrotes Hemd suchen. Sie guckt dumm, zeigt uns ein knallrotes – meine Güte, farbenblind ist die auch noch – ich antworte „nein, weinrot, etwas dunkler". Wo geht sie hin? Zu einem Bordeaux-farbigem Hemd. Grrr, doof oder was? Ich sage wieder „nein, weinrot, heller". Die Verkäuferin verdreht die Augen, schaut noch mal durch „nein, etwas anderes führen wir zur Zeit nicht". Super. Dann eventuell die andere Variante, creme-farbiges Hemd und weinrote Krawatte? Auch nichts wirklich Schönes dabei, die Markenhemden (auch hier wieder utopische Preise) sehen eher verwaschen oder vergilbt als creme-farbig aus.

Das wird hier wohl nix.

Ich gebe ihr die Krawatte, wir bedanken uns trotzdem, sie guckt wieder ätzend aus der Wäsche und wir dackeln ab zur Kasse. Jost möchte wenigstens schon die Anzugsjacke mitnehmen, die Hose können wir nächsten Freitag umgeändert abholen. Klappt auch, wir bekommen noch die Kundenkarte und ab dafür. Wenigstens haben wir schon mal den Anzug.

Aber wo bekommen wir nun Hemd und Krawatte her? Mir fällt spontan ein kleiner exklusiver Markenherrenausstatter ein. Zu teuer, nur im Notfall. Also gehen wir zur nächsten Warenhauskette, schließlich haben die dort immer eine gute Auswahl an Hemden. Und hier werden wir tatsächlich auch fündig, ohne lange zu suchen. Weinrot ist es und hat kurze Arme, wird sicher warm genug werden. Gekauft!

Aber keine Krawatte in Sicht. Na ja, die wird ja wohl das kleinste Problem sein, oder nicht?

Und Schuhe braucht der Mann, und einen anständigen Gürtel, aber da haben wir ja noch Zeit...

Erstmal sind wir froh, dass wir den Hauptteil relativ zügig gefunden haben.

26

Puh, das schwierigste - den Anzug nämlich – haben wir ja schon im Sack. Und das Hemd sogar obendrauf. Darum brauchen wir uns nicht mehr zu kümmern, das ging ja auch flottirabotti.

Also machen wir uns ganz gemütlich und entspannt auf die Suche nach den restlichen Kleidungsstücken, als da wären:

Die Schuhe

der Gürtel

und

die Krawatte.

Aber eins nach dem anderen.

Die Schuhe sollen nicht zu lackartig glänzen, nicht zu schmal geschnitten und nicht zu teuer sein. Und ich bestehe noch dazu auf eine Tanzsohle. Mit dickem Profil lässt sich so schlecht bewegen und zum feinen Zwirn sieht's einfach nur unpassend und prollig aus...

Anlaufstellen sind diverse Schuhhausketten. Im ersten Schuhhaus gibt's eine Masse an Schuhen, es sind zwar schöne Schuhe dabei, meiner Meinung nach, aber entweder zu schmal, zu glänzend oder mit zu dicker Profilsohle. Also, ein satz mit X, das war wohl nix. Auf in den nächsten Laden, auch hier werden wir nicht von Erfolg gekrönt, hier gibt's nur zu teure Schuhe, oder zu schwere. Zu schwer ist ja auch nicht wirklich vorteilhaft, dann hat man ja im wahrsten Sinne des Wortes Blei in den Füssen oder aber einen Klotz am Bein. Also auch nix. Aber hier gibt's ja noch sooo viele Schuhgeschäfte, geht es mir mit einem Lächeln durch den Kopf. Und Jost ahnt Schlimmes...

Schuhläden, mein Paradies.
Schuhe, meine Droge.

Leider weiß mein zukünftiger Mann das auch...

Daher bekomme ich leider kaum die Gelegenheit, in mein Paradies zu entschwinden. Irgendwie werde ich jedes Mal abgefangen...
Und wenn ich es denn doch einmal schaffe, plagt mich ein schlechtes Gewissen. Nichts desto trotz gefallen mir viele Schuhe, nur darf ich nicht in Versuchung geraten, sie anzuprobieren, denn dann sind Hopfen und Malz verloren.
Nach für mich mittlerweile langer Qual – obwohl man nicht sagen kann, dass es zeitmäßig lange gedauert hätte, Schuhe für Jost zu finden – werden wir tatsächlich fündig.
Schicke Schuhe, auch später durchaus tragbar. Auch zur Jeans. Und noch dazu günstig reduziert. Jost fragt mich, ob er sie nehmen soll. Ich frage nur, ob der Schuh auch gut sitzt und er sich darin wohl fühlt, schließlich ist das das Wichtigste. Insgeheim habe ich seine neue Fußbekleidung schon ins Herz geschlossen, sieht einfach gut aus, das Paar. Also werden die Schuhe zur Kasse ge-

rutscht (nur zur Erklärung, die Männerschuhe befinden sich in der 1. Etage, die Kasse allerdings im EG. Witzigerweise darf man die Schuhe nicht selbst zur Kasse geleiten, nein, sie werden vielmehr durch eine Rutschfahrt nach unten befördert.) Ich kann noch einmal schnell einen Blick auf die Damenschuhtrends für den Sommer werfen, muss mich aber zusammenreißen, nicht schwach zu werden. Zum Glück verlassen wir den Laden zügig, mit einem Paar neue Herrenschuhe.

Haben zwar keine Ledersohle, sind aber trotzdem wirklich schön. Und da drückt Mann/Frau doch gern schon mal ein Auge zu, oder nicht?

Also suchen wir prinzipiell ja nur noch einen Gürtel und eine Krawatte.

Also machen wir uns auf die nächste Suche.

Schwarz muss er sein, der neue Gürtel, schmal, ohne viel Schnickschnack. Aber die Schnalle muss auch schön sein. Die ist wichtig. Schließlich sieht man sie ständig.

Der Gürtelkauf verläuft reibungslos. Wir haben schnell den passenden im nächsten Geschäft gefunden, der Preis stimmt, die richtige Länge ist auch dabei. Gekauft.

Eiltempo. Das ging wirklich zackig.

Nun brauchen wir nur noch eine Krawatte.

Eine schöne hatten wir ja bereits gesehen, allerdings war die zum einen zu teuer, zum anderen würde ich die NIE bei dieser zuvorkommenden, überschwänglich netten Verkäuferin kaufen... NIE, NIE, NIE! Da bin ich nachtragend, so!

Also stöbern wir noch durch mehrere Geschäfte, werden aber nicht fündig. Diese Saison sind pastellfarbige Krawatten große Mode. Rosa und Hellblau müssen aber zu Weinrot nicht wirklich sein.
Also finden wir nichts.

Aber wir haben ja noch etwas Zeit.
Irgendwo werden wir schon eine schlichte Krawatte finden, ganz sicher…

Ach wie gut, dass ich am 22.04. frei genommen habe.
Ein Besuch im Einkaufstempel wird sicherlich erfolgreich sein.
Ich fahre mit meinen Eltern hin. Paps möchte noch ein neues Hemd und eine Krawatte mit passendem Einstecktuch.
Wir gehen sofort nach Ankunft in ein großes Modegschäft und werden doch auch tatsächlich sofort für unsere Zielstrebigkeit belohnt. Zusammen mit meiner Ma suchen wir die Krawatte aus. Ma sieht sie als erstes. Nachdem wir eine nette Verkäuferin ein rotes Hemd dagegenhält sehe ich, dass die Krawatte einfach perfekt ist für das Hochzeitshemd. Und schon wieder ein Fitsch. Nicht mal ¼ des Wucherpreises. Das kann man doch Erfolg nennen, nicht wahr?
Paps hat auch schnell eine Krawatte und ein passendes Einstecktuch, nur mit dem Hemd dauerte es etwas. Aber das haben wir schlussendlich auch noch hingebogen. AUFATMEN! Dann haben wir ja soweit alles zusammen und können uns anderen Dingen widmen…

27

Nachdem wir an einem kühlen, regnerischen Sonntag einer Hochzeitsmesse in einem Hotel waren, die, milde gesprochen, ein totaler Reinfall für uns war, da die Torten auch nicht wirklich unseren ästhetischen- und preislichen Vorstellungen entsprachen, entschieden wir uns, den einen der zwei sich dort präsentierenden Musikveranstalter genauer unter die Lupe zu nehmen. Zwar war der Chef an besagtem Messestand nicht vertreten, da er sich zu der Zeit im Krankenhaus befand, und die anderen Mitarbeiter waren auch mehr als lässig, meiner Meinung nach schon zu lässig, aber bevor wir ohne DJ dastehen, wollten wir uns doch einfach mal anhören, was dieser so zu bieten hat. Seine am Messestand vertretenen Mitarbeiter wagten nämlich keine konkreten Auskünfte bezüglich des Preises. Wir bekamen lediglich die Auskunft, dass es verschiedene Equipments zur Mietauswahl gibt und einen 5-Stunde Festpreis.

Alles Weitere sollten wir direkt mit dem Chef ausmachen.

Was mir nur sofort aufgefallen ist, dass es sich bei unserem Gesprächspartner um einen notorischen Kettenraucher handelte, der meinte, mir mit einem Luftballondackel, den er selbst gedreht hat, imponieren zu können.

Männer, manchmal denke ich wirklich, dass - ach lassen wir das. Auf jeden Fall konnte er mir mit dem Luftballondackel natürlich nicht imponieren, ich bin schon mehr als 3 x 7 und von daher haut mich so was nicht wirklich um. Außerdem war mir das ganze Drumherum für ein vernünftiges Gespräch einfach zu geräuschvoll laut bei dieser Messe.

Zum Schluss konnten wir uns ein paar Szenen auf dem Laptop anschauen. Und schwupps, das war's. Prospekt in die Hand gedrückt bekommen und ab die Post...

Naja, sah ja ganz nett aus, man kann den Chef dieser DJ Kombo ja mal anrufen.

Gesagt, getan. Eine Woche später rief Jost ihn an. Er meinte, wir sollen ihn doch einmal in seinem Laden, den er auch noch betreibt, besuchen kommen und die beiden Männer vereinbarten einen Termin.

Als der Tag gekommen war, sind Jost und ich nach der Arbeit sofort zu dem DJ Nino durchgedüst. Es war mal wieder ein ekelig verregneter Tag, es war früh dunkel und so hatte ich einen Heidenspaß, die kleine Strasse in dem mir fremden Vorort zu finden. Als wir auf besagter Strasse fuhren, sichteten wir auch an einer Ecke den kleinen Laden von Nino. Den sehr kleinen Laden von Nino. Parktechnisch war es auch eher mau, da es sich ansonsten um ein reines Wohngebiet handelte. Ich bin leider keine Parkkünstlerin, schon gar nicht, wenn es dunkel und verregnet ist. Aber ein paar Meter weiter fand ich eine ausreichend große Parklücke. Eingeparkt ohne Schrammen - weder an meinem noch an einem anderen Auto oder Gegenstand - gingen wir in den Laden, den sehr kleinen Laden, den sehr kleinen, schummrig dunklen Laden. Da kam Nino auch schon hinter einem Vorhang her. Anscheinend ist der sehr kleine schummrig dunkle Laden noch mit wenigstens einem Raum oder sogar einer Wohnung verbunden. Da stand er nun, in voller Größe – von ca. 1.60 Metern. Er quatschte direkt drauf los. Was er alles in diesem seinem Laden verkaufen würde, zeigte auf unterschiedlichste Lichterorgeln und Mischpulte, die alle irgendwie nicht wirklich in diese Räumlichkeiten passten, denn sie waren irgendwie in den Laden reingequetscht worden. Auf jeden Fall sah alles eher wild gestapelt als ordentlich aufgestellt aus. Egal, die Hauptsache ist ja, dass er ein guter DJ ist, da kann mir der Laden und die Gestaltung ja schnuppe sein.

Er erzählt nun endlich von Hochzeiten, die er musikalisch ausgestattet hat. Zumindest scheint er viel Erfahrung zu haben, oder er verkauft sich einfach nur richtig gut. Nino ist, während er erzählt, richtig euphorisch. Endlich kommen wir zu unserem Part, zu unserer musikalischen Begleitung. In dem Hotel, in dem wir feiern wollen, hatte er anscheinend schon mehrere Events. Von den Räumlichkeiten ist er jedenfalls überzeugt und auch den Raum, den wir ausgesucht haben, habe er bereits beschallt. Das ist ja prima, da weiß er ja, was er alles mitbringen muss um ordentlich Radau zu machen. Wir kommen zum Preis, die 5 Stunden sind fix, ist auch vom Preis her in Ordnung, er bringt noch einen zweiten Mann mit. Er stellt Knicklichter zur Verfügung, die er dann an entsprechender Stelle an die Gäste verteilen will, um noch mehr Stimmung zu erzeugen. Hört sich soweit sogut ok an. Dann fragt er uns, welche Lieder wir unbedingt und unverzichtbar auf unserer Hochzeit gespielt haben wollen und müssen. Wir sagen sie ihm, es sind mehrere und eines, das wir speziell für unseren Solo-Tanz ausgesucht haben. Er notiert sich alle. Dann kann ja nix mehr schief gehen. Nach nunmehr 1 ½ Stunden kommen wir völlig verhungert aus Ninos Laden, hoffen das Beste und freuen uns, dass wir diesen Teil auch erledigt hätten. Dann steigen wir ins Auto und fahren erstmal essen.

28

Am nächsten Morgen fahre ich zu meinen Eltern, wir wollen zusammen mit meinem Onkel frühstücken und die Deko für den Tisch besorgen.
Ich traue mich wirklich nicht, das Kleid anzuziehen, es wird schon passen. Also fahren wir erst einkaufen.

Da wir „nur" die Basisdekoration im Hotel gebucht haben – die Dekorationsangebote in diesem Hotel waren einfach unverschämt teuer – und die nur Standardweiß sein sollte, überlegte ich mir, dass wir die Tische doch schnell vor der Feier noch etwas selbst dekorieren könnten, genug Zeit blieb ja, denn die standesamtliche Trauung sollte am Morgen stattfinden und die Feier erst gegen Abend. Genaue Vorstellungen, wie die Tische aussehen sollten, hatte ich bereits mit meiner Mama abgestimmt.

Da sind zum einen die Blumen. Frischblumen sehen selbstverständlich immer nett aus, aber bei 10 Tischen, 3 Stehtischen, Geschenktisch und Bar macht das summa summarum 15 Gestecke.
1. niemand hat so viele gleiche Vasen, zumindest kenne ich niemanden.

2. wohin mit den Blumen nach der Feier? Wegschmeißen ist indiskutabel da viel zu schade. Den Gästen mitgeben? Sind ja dann auch nicht genug Sträuße, dann fühlt sich sicher der eine oder andere auf den Schlips getreten oder aber man wird die Sträuße nicht los, weil sie keiner haben möchte. Also: keine Sträuße!

Beim Shopping in Altenessen kam mir dann die Idee - inspiriert von einem kleinen Blumenladen - Buschröschen als Tischdeko einzusetzen. Die sehen schön aus, kann man in einen Blumentopf stellen (und die kann man leihen), und anschließend nach draußen auf den Balkon stellen. Ja, genau, so wird's gemacht. Das ist eine gute und gleichermaßen schöne Idee.

Ma und Pa haben dann dazu die Idee, die Tische mit Rosenblättern zu dekorieren, sieht auch schön aus, denke ich. Die Rosen wollen die beiden am Mittwoch vor der Hochzeit in einem Supermarkt besorgen, 1. günstig, 2. werden die Köpfe eh gezupft und nur die Blätter auf den Tischen verteilt. Also alles geplant. Was soll noch schief gehen???

Aber es kommt immer anders, als man denkt. Was wir nicht bedacht haben, ist, dass am Sonntag nach unserer Hochzeit Muttertag ist. Aber dazu später…

Die Buschröschen bestellen wir am 22.04. in der von meinem Pa so genannten Wellness-Oase, ein wirklich toll angelegter großer Blumenladen. Die haben da nämlich immer noch so gute Ideen, vielleicht auch brauchbare für uns?!?

Außerdem kann man da die Blumentöpfe mieten, 20 % vom Kaufpreis. Das ist absolut in Ordnung und man hat eine Woche Zeit, sie zurückzubringen. Was soll Frau auch mit 15 gleichen kleinen Blumentöpfen? Wir haben noch nicht einmal so viele Fensterbänke.

Wir suchen die Buschröschen aus, genau der richtige Rot-Ton. Die Floristin drapiert noch champagner-farbiges Sisal um die Stämmchen herum, klebt ein paar Perlen darauf und das Gesamtbild ist mehr als zufrieden stellend. Ich bin begeistert. Geschafft! Wir bestellen also 15 Buschröschen mit Dekoration und mieten 15 creme-farbige Übertöpfe. Ich kann mir die Tische schon richtig gut vorstellen. Dann lassen wir doch auch direkt meinen Brautstrauß dort binden, den brauche ich ja auch noch, nicht auszudenken, der wäre vergessen worden, uiuiui.

Ich stelle mir meine Brautstrauß so vor: eine weiße Callas mittig, drum herum weinrote Rosen, rund gebunden, die Callas leicht herausstechend. In die Länge mit Efeu und Bändern gearbeitet. Meine Wünsche werden notiert. Derweil handelt Pa mit dem Chef den Preis für die 15 Pflanzen aus. Wenig erfolgsversprechend, da uns der Blumenladen-Chef aufklärt, dass er jetzt noch nicht sagen kann, wie teuer die Rosenpreise sein werden, da schließlich am nach unserer Hochzeit Muttertag sein wird und da die Rosenpreise in ungeahnte Höhen schnellen könnten und sicher auch würden.

MIST MIST MIST MIST. Da haben wir gar nicht dran gedacht. Der Preis ist heiß. Na ja, jetzt ist es eh zu spät, also müssen wir da wohl oder übel durch, denn Blumen brauchen wir so oder so.

Es wird vereinbart, dass die Blumen bereits am Mittwoch abholfertig in das Kühlhaus gestellt werden, der Brautstrauß gebunden sein wird, denn wir brauchen die Sachen ja am Freitagmorgen bereits - und Donnerstag ist Feiertag.

Am Mittwoch – vor unserem großen Tag - habe ich mir kurzfristig frei genommen. Mein Katastrophen-Kleid will ja einfach nicht fertig werden und einfach nicht passen. Also MUSS ich frei haben.

Wir fahren also zum Supermarkt, um die Rosen zu kaufen. Da wir wieder nicht sehr früh auflaufen, sind typischerweise keine mehr zu bekommen, denn: nicht vergessen: Sonntag ist Muttertag! Passt ja schon wieder. Wir klappern mehrere Blumenläden ab, nirgendwo sind noch weinrote Rosen zu bekommen, vereinzelt, aber nie genug. Auch andere herzige Tischdeko, nix. Alles ausverkauft, denn: nicht vergessen, auch wenn ich mich wiederhole: Sonntag ist Muttertag!
Aber eine Floristin ist so nett, uns an einen Dekoladen in der Stadt zu erinnern, der sicher noch etwas zu verkaufen hat. Da es schon spät ist, bedanken wir uns, springen schnell ins Auto und fahren wieder zurück in die Stadt. Zum Glück hat der Laden noch auf. Wir schwirren aus und suchen. Hier sieht es auch recht leer verkauft in Hinblick auf Rosen und Herzen aus. Meine Eltern sprechen eine Verkäuferin an. Rosenblätter sind keine da, aber Herzchen. Na ja, dann eben Herzchen, denke ich mir, besser als nichts. Als wir uns dann dafür entscheiden, sind aber nur noch eine Hand voll da. Nicht einmal genug für einen Tisch.
Toll, klasse, hervorragend. Wie ich mich freue. Meine Güte, als wenn nicht schon genug gewesen wäre, nein,

warum sollte es mit der Deko besser sein als mit vielem anderen?

Irgendwie fühle ich mich gar nicht gut…

KRISE!

Ma entdeckt zum Glück schönen, weinroten Sisal. Das nehmen wir definitiv mit, bevor wir gar nichts haben. Das kann man zur Blumentopf-Abhebung vom Tisch gut gebrauchen. Denn die Tischdecke soll laut Bestätigung weiß sein und der Übertopf ist creme. Da kann man ja gut auf dem Tisch um den Topf den Sisal drapieren, damit die Pflanze noch besser betont wird.

Gute Idee, gebont - gekauft.

Was nun?

Da fällt mir das Möbelhaus in der Nachbarschaft meiner Eltern ein. Die haben auch eine Klimbim-Abteilung. Da habe ich auch mal Stoffrosenblätter bekommen. Die welken nicht und man kann sie mehrmals verwenden. Also total entnervt dorthin. Wir verteilen uns und schwärmen aus. Ma wird auch fündig. Auch ich finde Herzchen aufgereiht an Windspielen. STRIKE! Endlich, beim letzten Laden, also auch die letzte Hoffnung, werden wir endlich für die Strapazen belohnt. Wir nehmen neben den Stoffrosenblättern noch eine Tischborte passend dazu für den Hochzeitstisch mit und auch noch die Windspiele. Mir fällt ein Stein vom Herzen, und ich merke, nicht nur mir, mittlerweile sind wir eigentlich alle schon leicht geladen ob der vorherigen erfolglosen Gurkerei. Wir sind eben alle fix und fertig. Beladen mit Deko verlassen wir den Laden.

Schließlich haben wir heute Abend noch einen Termin bei der Verwandtschaft in spe, bei Jost's Schwester Tina und ihrem Mann Ulf soll gegrillt werden. Eigentlich hat keiner von uns mehr große Lust dazu, aber vielleicht lenkt das ab und schließlich sitzen wir in geselliger Runde. Und was zu beißen ist auch nicht verkehrt.

Nachdem wir etwas zu Mittag gegessen haben, traue ich mich doch, ich möchte es doch noch einmal angezogen sehen.

Schon als ich den Rock nur sehe, entdecke ich, dass da irgendetwas nicht stimmt. Der hat an der rechten Seite so eine komische Beule, schon im Hängen. Ich ziehe ihn hektisch an und tatsächlich, eine Mega-Beule, in die man sogar reinfassen kann.
Ich werde auf der Stelle Tomatenrot und mir schießen die Tränen in die Augen. Und in meinem Kopf fängt es an zu piepen und zu dröhnen.
Mir wird kotzübel und ich könnte auf der Stelle auf die Toilette, das schlägt mir dermaßen auf den Magen.
Ich befürchte, ich bekomme einen Nervenzusammenbruch, ich merke schon, wie ich langsam hysterisch werde.

Meine Eltern und mein Onkel sind entsetzt. Sofort ruft mein Vater in dem Laden an und teilt ihnen mit, dass das Kleid unter aller Sau genäht wurde. „Um welches Kleid handelt es sich denn überhaupt", auch noch frech werden, als wüsste die nichts mit unserem Namen anzufangen, nach dem Drama die letzten Tage. „Ach so, das mit den Röschen, ja dann kommen Sie vorbei und wir schauen uns das mal an".
Ich lasse die Korsage gleich an. Meine Ma hängt schnell den Rock auf den Bügel, ich ziehe meine Jeans und meinen Pulli über, wie gehen alle noch auf die Toilette um

dann sofort ins Auto zu springen und dorthin zu fahren. Wir sind uns einig, dass jetzt wirklich das Maas voll ist und wir bis zum Äußersten gehen. Notfalls gehe ich eben in Jeans, aber ich mache mich in diesem Kleid nicht zum Affen.

Wir gehen soweit, dass wir mit rechtlichen Schritten drohen, wenn das Kleid nicht augenblicklich ordentlich fertig gestellt werden sollte. Und wir sind uns im Klaren, dass wir den Laden nicht verlassen, bevor das Kleid nicht fertig ist.

Dort angekommen müssen wir wieder warten. Ich könnte denen wirklich alle Kleider voll kotzen, so übel ist mir vor lauter Wut und Verzweiflung. Die Inhaberin ist heute nicht im Hause. Ob das wahr ist oder ob sie einfach abgehauen ist, als sie von dem Desaster gehört hat, das weiß ich nicht, zuzutrauen ist der Ollen alles.

Wir warten und warten. Meiner Mutter platzen schon die Äderchen in den Augen. Wieder müssen die Männer sie zurückhalten.

Dann sind wir endlich an der Reihe. Ich muss das Kleid sofort anziehen und dann sieht die Verkäuferin die Beule am Rock ebenfalls. Der Stoff wurde einfach nicht weggeschnitten. Ist das zu fassen? Was sind das denn für Schneiderinnen? Wenn die keine Lust auf ihren Job haben, dann sollen sie es gefälligst lassen.

Meine Mutter geht zum äußersten, wenn das heute nichts mehr werden würde, könnte der Laden alles zahlen, alles, nicht nur eine Entschädigung für das Kleid, die extra angereisten Gäste, die Hotelzimmer, die Veranstaltung, die Schiffsreise, die wir ein paar Monate später geplant hatten. Alles würde abgeblasen werden und der Laden würde sich sicher nicht mehr von den Kosten erholen. Die Verkäuferin bekommt einen Hauch von Panik, entschuldigt sich, sie könne doch auch nichts dafür und sie wäre doch auch froh, wenn alles in Ordnung wäre. Sie holt die Schneiderin vom ersten Mal, oh Gott, nicht schon wieder die serbische Bohnensuppe...

Aber diesmal ist sie ruhiger. Liegt es etwa daran, dass die Inhaberin nicht zugegen ist?

Wieder wird das Kleid aufgetrennt. Und meine Ma malt den Teufel an die Wand „Paß auf, gleich ist der Rock hinüber und die müssen einen anderen nehmen, aber leider passt die Farbe ja auch nicht mehr. Man müsste dann wohl oder übel auf den Rock in Creme zurückgreifen und den auf dich umnähen." Oh du meine Güte...

Aber soweit kommt es nicht. Die Bohnensuppen-Näherin heftet den Rock kurz, so dass ich wieder hineinschlüpfen kann und wir schauen können, ob er nun passt. Natürlich nicht. Warum auch. Dann hätten wir doch keinen Spaß mehr.

Also wieder abstecken. Meine Ma droht beharrlich weiter. Und mein Paps steigt mit ein.

Anscheinend verstehen die's nicht anders. Wir sind eigentlich als friedliebende Menschen bekannt, aber das hier ist der absolute Ausnahmezustand.

Abgesteckt wird wieder geheftet, passt immer noch nicht. Meiner Mutter platzt nun wirklich fast der Kragen und sie lässt allen Frust ab. Das ja von Beginn an alles falsch gelaufen ist, sogar die falsche Farbe geliefert wurde, und wir immer ruhig geblieben sind und alles über uns ergehen lassen haben. Aber jetzt ist Ende. Jetzt reicht's. Und als dann wieder „Hüftfehler" ins Gespräch kommt, ist endgültig Schluß, jetzt motzt meine Ma wirklich rum. Zurecht. Und die Verkäuferin zieht sofort ihren Kopf ein und nimmt alles zurück, so wäre es nun wirklich nicht gemeint.

Auch ich melde mich einmal kurz zu Wort, dafür aber heftig. Dann reiß ich mich wieder zusammen, wenn ich noch mehr sage, dann eskaliert das hier alles, aber Holla.

Jetzt wird wieder abgesteckt, abgeheftet und ich ziehe es wieder an. Jetzt sieht es gut aus. Aber wer weiß, ob es dann auch genau so genäht wird. Abgesteckt war es ja schon letzten Donnerstag gut, aber da war man ja auch nicht in der Lage, vernünftig zu nähen, und Montag schien ja auch alles in Ordnung zu sein, aber auch da war man nicht in der Lage, alles korrekt zu nähen. Also warum dann gerade jetzt?

Ich ziehe das fertig genähte und gebügelte Kleid an, diesmal sitzt es wirklich. Dem Himmel sei dank. Wir schauen alle noch ganz genau, aber besser geht's nicht mehr.

Ich sitze mit meiner Ma in der Umkleide. Ich bin wirklich einfach nur fertig und meine Ma auch, das merke ich ihr deutlich an. Dann schaue ich hinab auf meinen Schuh, doch das war ein gewaltiger Fehler.

Durch die ganze Anprobiererei ist mir ein Röschen abgefallen. Nicht auch das noch.

Und jetzt geht bei mir gar nichts mehr. Hoffentlich finden wir das Röschen noch. Eine andere Verkäuferin kommt dazu und sucht mit, gefunden, wenigstens etwas.

Ich bin einfach nur noch todunglücklich. Mit verquollenen Augen komme ich aus der Kabine. Derweil hat sich mein

Paps schon mit der Verkäuferin auseinander gesetzt, was denn da noch preislich zu machen wäre, die ganze Gurkerei, der Ärger, etc.

Die Inhaberin ist nicht zu erreichen und so gibt uns die Verkäuferin 30 € für die Fahrerei. Paps quittiert. Eigentlich finde ich 30 € nicht wirklich angemessen für den ganzen Stress und Ärger, aber bevor gar nichts rüberkommt, na ja, was will man von so einem Katastrophenladen auch anderes erwarten?

Ich sehe unmöglich aus, genauso, wie ich mich fühle. Im Hinausgehen wünscht man mir trotzdem noch eine schöne Hochzeit. Meine Mutter gibt einer euphorischen zukünftigen Braut nur noch einen kleinen Tipp „Hier würde ich kein Kleid kaufen", sie sieht mich und schon ist die Euphorie dahin, irgendwie tut sie mir jetzt schon leid, vielleicht aber hat sie ja mehr Glück?

Wir verlassen den Laden, den ich niemandem, auch nicht meinem ärgsten Feind, empfehlen würde und machen uns auf, zur bald angeheirateten Familie grillen zu fahren...

29

Bei der baldigen Verwandtschaft angekommen lasse ich mich nur noch in den Gartenstuhl plumpsen. Ich bin einfach fix und alle. Wir sind nur noch genervt.

Jost ist schon da. Es ist ja auch schon wieder reichlich spät geworden. Er guckt nur komisch drein, er weiß ja auch nicht, welchen Horrortrip wir gerade hinter uns gebracht haben. Der Glückliche.

Mein Onkel lernt Jost's Familie kennen. Seine Mutter und mein Onkel sind in etwa im selben Alter. Das passt schon mal. Man unterhält sich und nachdem ich meine erste Bratwurst aufgegessen habe, fange ich an, von dem Erlebnis der dritten Art zu erzählen. Aber natürlich die Kurzversion, ich will ja nicht alles nochmals durchleben. Keiner mag es so recht glauben, so unfassbar klingt es doch. Aber es ist die Wahrheit. Alle schütteln nur mit den Köpfen und können es nicht begreifen, wie so viel sooft schief laufen kann. Nun ja, bei mir ist eben alles möglich.

Langsam und ruhig lassen wir den Tag ausklingen und gehen dann alle nach Haus in unsere Betten….

Ich bin todmüde und habe zu einfach nichts mehr Lust. Selbst auf die Hochzeit freue ich mich nach diesem Tag nicht mehr, was natürlich nicht nur an der Deko liegt, die haben wir ja zum Glück noch komplett bekommen, sondern vor allem auch an meinem Pleiten-Pech-und-Pannen-Kleid. Ich denke, es ist mir nicht zu verdenken...

30

Ich habe nicht sonderlich gut geschlafen, dass muss ich zugeben. Erstens bin ich sehr sehr schlecht eingeschlafen und zweitens haben mich Rosenblütenblätter geärgert, hinter denen ich im Traum her rennen musste wie wild, meien Brautschuhe haben ihre Stofffröschen verloren und sind mir dann auch noch stiften gegangen, sie wollten an einen anderen Fuß, nicht an meinen, bei mir wäre es ihnen einfach viel zu stressig. Und last but noch least habe ich in meinem Traum 20 Kilo über Nacht zugenommen und mir sind die Korsage sowie der Rock weggeplatz. Horror. Ich bin schweißgebadet wach geworden. Meine Augen sind völlig verquollen. Ich fühle mich, als wäre ein Bulldozer über mich gerollt. Auf alle Fälle bin ich ganz und gar nicht erholt.

Der letzte Tag vor der Hochzeit und ich fühle mich wie überfahren, völlig fertig. Zum Glück startet heute Abend nicht die mega Jungesellinnen-Abschiedsparty. Als hätte ich Nase gehabt, dass das hier alles nicht problemlos abläuft. Ne, ohnehin bin ich ja nicht der Partytiger. Ich möchte doch an meinem Hochzeitstag gut aussehen und nicht total unausgeschlafen und eventuell dann noch mürrisch sein. Also werden nur 2 Personen kommen, Hanna und Alex. Allerdings werden sie heute zum späten Nachmittag hin zu meinen Eltern kommen, denn die letzte Nacht werde ich getrennt von Jost verbringen. Noch einmal allein schlafen, bevor man die nächste Nacht als Ehepaar zusammen in die Pove fällt.

Also packe ich mein Kosmetiktäschen und ein paar Klamotten ein und fahre gegen Mittag zu meinen Eltern. Kurze Zeit später laufen auch schon Hanna und Alex auf und wir bestellen Pizza. Danach verziehen wir uns in mein Kinderzimmer, das sich natürlich seit meinem Auszug doch gut verändert hat und plauschen. Ich bekomme noch einige Geschenke, Bücher vor allem. Wir reden über alte Zeiten, eigentlich sind wir ja noch 13 Jahre jung und spielen auf dem Pausenhof Gummitwist, oder nicht? Sind wir echt schon so „alt"? Irgendwie ist die Zeit nur so verflogen. Die Erinnerungen an die Schulzeit sind wirklich so lustig, dass ich einen Muskelkater im Gesicht bekomme. Nach ein paar Stunden düsen Hanna und Alex auch wieder heim, denn auch sie beiden wollen am morgigen großen Tag keinesfalls unausgeschlafen sein. Das war ein wirklich schöner letzter Abend in „Freiheit". Ich klöne noch ein wenig mit meinen Eltern auf der Couch und wir genießen die Zeit zu dritt. Über den morgigen Tag und die letzten Wochen reden wir nicht. Im Moment fühlen wir uns alle gut, keiner will die Ruhe und Harmonie zerstören.

Früh gehen wir zu Bett, morgen früh will ja schon recht zeitig die Friseurin kommen, um mir die Haare kunstvoll zu einer Hochfrisur zu stecken. Darauf freue ich mich schon, und schön schminken, mal richtig viel Zeit dafür nehmen und nicht in 5 Minuten morgens vor der Arbeit die Kriegsbemalung aufpinseln.

Heute Nacht schlafe ich gut, ruhig und ausgeglichen. Keine Alpträume überkommen mich, ich träume gar nicht von der Hochzeit. Ich träume von Sonne, Strand und Meer.

Am nächsten Morgen weckt mich meine Mutter. Ich war schon mal wach, bin aber wieder eingeschlafen. Ist ja auch nicht tragisch. Ich stehe mit einem Lächeln auf, welch ein Wunder nach den ganzen Strapazen der letzten Tage und Wochen. Der Tag wird gut werden, dass weiß ich. Oder hoffe ich es nur?

Wir frühstücken ausgiebig, mein Onkel ist auch schon da. Er sieht noch müde aus, meine Eltern hingegen strahlen auch über beide Ohren und scheinen tatsächlich auch gut genächtigt zu haben. Es ist 8 Uhr. Um halb 9 will die Friseurin da sein. Also fange ich schon mal langsam an, mich mit meiner Schminkerei auseinander zu setzen. Ich habe mich im Vorfeld bereits in einer Parfümerie schimken lassen. Die Dame hatte aber nicht wirklich Ahnung von Stilberatung. Das muss ich einfach so sagen, denn ich habe um die Augen herum wie ein Waschbär dunkle Schatten. Die hat sie noch betont, so dass ich wirklich einfach nur krank oder wie ein Gauner aussah. Von daher war mir klar, dass ich mich selbst schminken werde. Und das mit Freude. Ich lege alle meine Utensilien vor mir auf eine Kommode, damit alles Griffbereit ist. So viel ist es gar nicht. Puder, Rouge, zweierlei Lidschatten, flüssiger Eyeliner, Wimperntusche, Lipliner und Lippenstift, der gute, lang anhaltende und kussfeste aus der Werbung natürlich, man gönnt sich ja sonst nichts. Eine Grundierung brauche ich nicht, ich habe zum Glück eine gute Haut und ein bisschen Puder sowie Concealer um meine Waschbär-augen genügen völlig. Damit fange ich dann auch an, abdecken, pudern, Rouge, Kajal, Lidschatten, Wimperntusche, Lipliner und zum Schluss Lippenstift „gekonnt" ins Gesicht gemalt und ich bin wirklich sehr zufrieden mit dem Ergebnis, dass sich mir im Spiegel zeigt. Und das in weniger als 15 Minuten. Vielleicht habe ich meinen Beruf verfehlt... Nein, im Ernst, ich bin wirklich sehr zufrieden mit meiner Bemalung und präsentiere sie meinen Eltern und meinem Onkel. Auch sie sind sichtlich erstaunt, wie gut ich das im ersten Anlauf hinbekommen habe. Tja, ich sag doch, es wird ein guter Tag.

Noch 5 Minuten, dann kommt die Friseurin und dann bin ich zumindest kopftechnisch top gestylt.

Wir gucken am Fenster, ob wir sie schon irgendwo erspähen können. Noch ist sie nicht in Sicht, aber 4 Minuten hat sie ja noch.

3 Minuten, ach, ich geh noch mal schnell auf die Toilette. Ich bin ja schon so aufgeregt. Ich bestaune mich und mein Gesicht noch mal im Spiegel und bin wirklich zufrieden, wenn das mit meinen Haaren gleich auch so fluppt, dann kann heute einfach nichts mehr schief gehen.

Noch 2 Minuten. Ich wasche mir die Hände und ziehe mich wieder an.

Noch 1 Minute. Mittlerweile stehen wir alle am Wohnzimmerfenster meiner Eltern und halten Ausschau nach der nunmehr ja sehnlichst erwarteten Friseurin.

Es ist halb 9.

31

Es ist kurz nach halb 9 und die Friseurin ist immer noch nicht in Sicht. Wo bleibt sie nur? Naja, ein paar Minuten darf man sich ja verspäten, sie war gestern sicher feiern.

10 vor 9. Langsam aber sicher werden wir alle immer hibbeliger. Hat sie uns vergessen oder was? Das gibt's doch gar nicht. Der Morgen hat doch so gut begonnen und nun das. Wir müssen doch um halb 10 schon los. Natürlich haben wir auch keine Telefonnummer, unter der wir sie erreichen könnten. So ist das, wenn man sich auf andere verlässt, da ist man verlassen. Warum müssen die meisten Sprichwörter sich immer wieder bewahrheiten? So ein Mist, wirklich. Ich merke schon, wie ich immer nervöser und matter werde. Mich überkommt eine richtige Traurigkeit. Warum kann denn nicht einfach nach dem ganzen vorangegangenen Chaos einmal alle glatt laufen? Nur einmal? Es ist uns nicht vergönnt.
Es ist kurz vor 9 und unsere Trautzeugen Hanna und Piet kommen vorgefahren. Auch Alex ist mit von der Partie. Wir wollen uns so aufteilen, dass Ma, Hanna und meine Wenigkeit mit Piet fahren, der uns dann zu meiner Schwägerin in spe bringt, damit ich dort meinen Rock

anziehen kann, da dieser bei einer 30 minütigen Auto-
fahrt ansonsten sicher massig Falten schlagen würde
und Alex mit meinem Paps zu Jost düsen, um ihn dort
abzuholen und zum Standesamt zu bringen.

Die Friseurin ist noch immer nicht in Sicht. Was tun? Da
muss wohl Ma ran. Ich bespreche mit ihr, wie sie meine
Haare hochstecken soll und nach nicht einmal 15 Minuten sitzt die Frisur perfekt. Wir haben allerdings während
des Steckprozederes kein einziges Wort gesprochen und
ich habe mich bewusst nicht vor einen Spiegel gesetzt.
Ich hab meine Ma einfach machen lassen. Sie hat es
wirklich perfekt hinbekommen. Die Frisur sieht genauso
aus, wie ich es mir vorgestellt habe. Ich könnt meine Ma
knutschen. Auch alle anderen sind sichtlich entspannt,
als sie mich mit neuer Frisur wieder sehen. Einfach nur
klasse. Jetzt müssen noch die Röschen in mein Haar
gedreht und gesteckt werden und auch das geht reibungslos. Das Ergebnis hätte von einem Friseur nicht
besser sein können. Hut ab, wirklich. Na, das ist ja zum
Glück auch noch gut gegangen. Und wir sind sogar noch
in der Zeit. Ich ziehe meine Korsage an, die Jeans behalte ich ja noch an. Ich checke nochmals schnell mein
Brauttäschchen, damit ich auch nichts vergesse, aber ich
brauche ja nur meinen Personalausweis und eventuell
mal ein paar Taschentücher. Alles drin und dann geht's
los Richtung Tina, meiner Schwägerin in spe, die mir
freundlicherweise ihr Badezimmer zum umziehen und co
überlässt. Auch werden wir dort nach dem Standesamt
noch ein paar Gäste empfangen, die sie hat eine geräumige Küche, in der man dies gut stattfinden lassen kann.

Wir steigen in Piet's Auto. Dann geht's auf die Autobahn. Bis gerade war ich noch euphorisch. Aber jetzt beklemmt mich die Angst, dass wir nach ein paar hundert Metern im Stau stehen könnten. Oder gar in einer Vollsperrung wegen schwerem Verkehrsunfall. Eigentlich bin ich kein Schwarzmaler, aber nachdem, was alles im Vorfeld gelaufen ist und eben heute noch die Geschichte mit der nicht erschienen Friseurin, ich bin froh, wenn wir von der Bahn wieder runter sind. Augen zu und durch. Hoffentlich kein Reifenplatzer oder was auch immer. Je mehr ich darüber nachdenke, was jetzt noch alles passieren könnte, desto nervöser werde ich und ich komme nicht umhin mich zu fragen, warum ich mir das alles antun muss? Warum heiraten? Warum nicht einfach stressfrei zusammenleben? Eine Garantie, dass die Beziehung durch eine Hochzeit besser und länger hält, ja vielleicht sogar bis das der Tod uns scheidet, die gibt es doch sowieso nicht. Statistisch wird ja auch jede 3. Ehe geschieden. Eigentlich hätte man sich dieses ganze Tohuwabohu schenken können, oder nicht? Ach, jetzt Augen zu und durch, fertig.

Netterweise werde ich durch Hanna aus meinen Wahnvorstellungen gerissen. Allerdings nicht sehr sanft, denn was jetzt kommt, daran habe ich noch gar keinen Gedanken verschwendet. „Vielleicht fahren dein Paps und Alex ja umsonst zu Jost. Er hat vielleicht gestern doch noch big Party gemacht und es sich anders überlegt" sagt sie und lacht. Das sollte natürlich ein Scherz sein. Prinzipiell weiß ich das auch, aber schlechter Scherz im denkbar ungünstigen Moment. Ma sagt gar nichts dazu. Piet steigt auch noch mit ein „wenn er vernünftig ist, hat er sich aus dem Staub gemacht". Na toll, hallo? Geht's denn noch?

Ich sag gar nix, gucke nur angestrengt aus dem Fenster. Lustig finde ich das im Moment wirklich nicht.

Endlich fahren wir von der Autobahn ab, jetzt sind es noch ein paar Minuten, dann sind wir bei Tina, Ulf und ihrem kleinen Sohnemann.

Das Wetter sieht auch nicht so dolle aus, leider. Wolkenbehangen ist es und windig. Wird sicher ein kalter Weg vom Auto ins Standesamt...

Wir sind angekommen, endlich, ohne Zwischenfälle diesmal, welch Wunder, wirklich. Und wir können sogar direkt vor dem Haus parken, in dem Tina mit ihrem Sohn und Mann Ulf wohnt. Sie standen wohl auch schon alle hinter der Küchengardine auf Lauer, denn sofort geht die Tür auf. Sogar meine Schwiegermutter in spe ist bereits da. Was für ein Auflauf. Also schnell die Tüte mit dem Rock geschappt und rein in die gute Stube. Alle sind schon fertig gestylt und haben sich in den guten Zwirn geworfen. Ich werfe einen kurzen Blick in die Küche, bevor ich die Treppen rauf ins große Bad gehe und ich staune nicht schlecht, wunderschön dekoriert, absolut passend zu unseren Outfits und genauso werden wohl auch am Abend die Tische bei der Feier aussehen. Jetzt bekomme ich wieder Aufwind. Und als mir Tina dann noch erzählt, dass Jost bis vor ein paar Minuten noch bei ihnen war, weil er schon so früh wach war, da er nicht schlafen konnte vor lauter Aufregung, geht es mir bedeutend besser. Sie musste Jost regelrecht rausschmeissen, damit er mich nicht vor dem Standesamt sieht.

Also ist er auch zu Hause und hat sich nicht aus dem Staub gemacht, und das wird er jetzt sicherlich auch nicht mehr tun. Süss, er konnte nicht schlafen, weil er so aufgeregt ist. Mir wird ganz warm ums Herz.

Aber jetzt flott rauf ins Badezimmer. Zuerst die halterlosen Strümpfe anziehen. Aber das gestaltet sich nicht so einfach, wie man sich das vorstellt. Wir haben im Sanitätsfachgeschäft eine Art Hautkleber erstanden, der die Strümpfe am Oberschenkel fixieren soll, damit sie sich nicht runterrollen. Aber leider funktioniert das ganze bei mir nicht. Soll heißen, dass sich trotz dieses schweineteuren Spezialhautklebers die Strümpfe verselbständigen und sich immerzu bis zu meinen Knien hinunterrollen. Klasse, echt klasse. Meine Güte, da denkt man doch nicht im Ernst dran, dass einem die halterlosen Strümpfe trotz Trick 17 einen Strich durch die Rechnung machen, oder? Ich könnte schon wieder einen leichten Anfall kriegen. Allerdings waren wir ja nicht ganz so blauäugig und haben vorsichtshalber mal 2 hautfarbende Strumpfhosen eingepackt, in waiser Vorahnung sozusagen. Und auch gleich 2, da bei meinem Glück die eine schon beim Auspacken eine wunderschöne Laufmasche haben wird. Mal schauen, ne, hat sie nicht, dann hau ich da sicher gleich eine rein. Oh, auch nicht, passt und nirgends ne Macke in zu sehen. Super. Also die sexy halterlosen Strümpfe wieder eingepackt und die dolle Strumpfhose angelassen. Jetzt der Rock. Tja, wie war es anders zu erwarten? Die Strumpfhose setzt sich in der Taille so sehr ab, dass es nicht kaschiert werden kann. Man sieht also, was ich drunter trage, und das sieht nicht wirklich schön aus.

Aber einen Trumpf haben wir noch im Ärmel. So ist es ja nicht, nein, nein. Kniestrümpfe. Also wieder den Rock ausgezogen, die Strumpfhose natürlich auch und her mit den Kniestrümpfen. Zum Glück sieht das ja keiner. Sieht nämlich auch mehr als bescheiden aus. Aber egal, ich kann ja schließlich weder barfuss noch mit abrollenden Strümpfen oder sich abzeichnender Strumpfhose zu meiner Hochzeit dackeln. Also bleiben die Kniestrümpfe an. Und jetzt mal wieder den Rock drübergezogen. Paßt. Kniestrümpfe fallen keineswegs auf, wer's nicht weiß, wird's nie ahnen. Gut, haben wir das schon mal erledigt. Jetzt noch das blaue Strumpfband und die Schuhe. Alles ok. Mit Blick auf die Uhr sehe ich auch, dass es langsam Zeit wird. Ich schaue nochmals schnell in den Spiegel, meine Gesichtsmalerei hält noch gut, sieht aus wie gerade eben frisch geschminkt. Dann noch meinen Schal um die Schultern drappiert und fertig bin ich. Natürlich wurden während der ganzen An- und Umzieherei unzählich viele Bilder gemacht, Erinnerungen auf Fotos gebannt.

Jetzt noch mal ein Bild mit meiner Ma, dann geht's die Treppen runter in den Flur. Da werden wir auch schon erwartet. Meine Schwiegermutter ist begeistert, auf Ulf findet, dass ich gut aussehe. Na, das ist doch schön. Dann nochmals ein paar Fotos mit der Mutter und der Schwiegermutter der Braut und es kann losgehen. Täschchen geschnappt und ab geht die Post. Auf zum Standesamt.

32

Wir bekommen relativ nah einen Parkplatz. Vom Auto meines Vaters noch nichts zu sehen, aber vielleicht parkt er ja auf der anderen Seite des Rathauses. Es ist total windig und dadurch auch kalt. Ich muss aufpassen, dass mir mein Schal nicht wegweht. Kopf runter, der Frisur zu liebe und ab, die Treppen rauf. Röckchen anheben, damit ich ja nicht noch darüber stolpere und mich auf die Stufen lege, das würde ja jetzt nur noch fehlen, wäre aber doch eigentlich auch nur typisch, nach allem was war. Aber ich kann mich noch soeben beherrschen und falle NICHT. Meine Ma zieht die große schwere Holztür auf und wir gehen hinein. Sofort sehen wir Jost's Bruder und seine Frau. Ja, es ist ja auch schon recht spät. In 15 Minuten soll die Trauung stattfinden. Immer mehr bekannte Gesichter versammeln sich um uns herum. Die schwere große Holztür öffnet und schließt sich immer wieder im Minutentakt, jetzt sind alle Gäste da. Und alle sehen zufrieden aus. Aber wo bleiben nur Jost, mein Paps und Alex? Ist Jost doch stiften gegangen und Paps und Alex suchen ihn? Oder leisten sie just in diesem Moment noch Überredungsarbeit, weil Jost es sich doch anders überlegt hat? Das gibt's doch gar nicht. Und ich dachte, wir wären schon spät dran, aber da habe ich offensichtlich falsch gedacht. Und als mir dann auch noch Jost's Bruder mitteilt, dass er und seine Frau vor deren Trauung noch 15 Minuten vorab im Trauzimmer mit dem Standesbeamten gesprochen und vieles ausgefüllt haben, bekomme ich schon wieder fast eine Krise. Wo bleiben die nur? Ich glaube, dass fragen sich hier schon alle. Ich komme mir urplötzlich total beobachtet und bemitleidet vor, so, als würden alle schon das Schlimmste ahnen, dass ich sitzengelassen wurde.

Dann geht die große schwere Holztür wieder auf, und herein kommen Jost, mein Paps und Alex. Mein Paps trägt meinen Brautstrauß, der noch bei ihm im Kofferraum lag. Zum Glück kam Jost zuerst durch die Tür, ansonsten wäre ich vor lauter Anspannung noch in Ohnmacht gefallen. Nicht auszudenken, nur Paps und Alex wären durch diese Tür gekommen mit gesenkten Blicken. Schnell weg mit diesem dummen Gedanken. Die Realität sieht ja zum Glück anders aus, Jost ist hier und nicht fahnenflüchtig, alle Gäste sind da, soweit ich das überblicken kann und somit kann es von mir aus gut und gerne losgehen. Wie gehen einen Flur entlang, am Ende stehen ein kleiner Tisch und ein paar Stühle. Bevor wir in das Trauzimmer gehen können, haben sich Hanna und Piet noch eine ganze Kleinigkeit ausgedacht, so als Trautzeugen.... Wir müssen einen Vertrag unterzeichnen. In dem heißt es, dass wir Betrag X an jeden der beiden Trautzeugen zu zahlen haben, falls wir uns scheiden lassen sollten und dass wir uns verpflichten, innerhalb einen Jahres Nachwuchs in die Welt zu setzen. Auch das noch. Wir unterschreiben alle. Ein Exemplar des Vertrages dürfen wir für unsere Unterlagen mitnehmen, das andere Exemplar bekommen die Trautzeugen. Somit ist schon mal klar, dass eine Scheidung gar nicht in die Tüte kommt, wir wären finanziell unser Leben lang ruiniert. Das mit dem Nachwuchs klingt akzeptabel, ich möchte ohnehin schnellstens mein Baby in meinen Armen halten dürfen. Aber 1 Jahr ist nun wirklich ein ziemlich kleines Zeitfenster. Bei vielen Paaren klappt es ja erst nach vielen Jahren mit dem Nachwuchs. Lassen wir das mal einfach auf uns zukommen. So, da haben wir diese Formalitäten schon mal erledigt. Genau jetzt kommt der Standesbeamte aus seiner Tür und bittet uns hinein, na das nenn ich mal timing. Auf los geht's los…

33

Bis wir alle ordentlich in dem Raum „verstaut" sind, dauert es noch ein paar Minuten. Natürlich sitzen wir in der ersten Reihe. Nach ein paar netten Sätzen fragt der Standesbeamte uns, wer sich traut, den ersten Schritt zu tun, natürlich springe ich schnell auf, reisse meinen Arm in die Höhe, wir in der Schule beim Aufzeigen, wenn man denn endlich mal was weiß, und sage „ich".

Wobei ich wohl etwas sehr hektisch war, denn man hört ein unterdrücktes Giggeln und Lachen im Raum. Ich kann mir schon bildlich vorstellen, wie bescheuert es ausgesehen haben muss, als ich aufgesprungen bin wie von der Tarantel gestochen. Oder wie ein Streber in der Schulklasse „ich, ich weiß die Antwort", nach dem Motto oder so ähnlich muss es rübergekommen sein. Tja, egal, jetzt eh nicht mehr zu ändern. Der Standesbeamte bezeichnet mich als mutig. Erst schnalle ich gar nicht, was er damit meint, denn eigentlich wollte ich es nur schnell hinter mich bringen und nicht noch länger warten, aber er meinte damit wohl, dass ich ja als erste sehr wohl mein „ja" sagen kann, allerdings der Ehepartner in spe es sich just in diesem Moment ja noch anders überlegen könnte... Daran hatte ich natürlich in diesem Moment gar nicht mehr gedacht. Ach, Augen zu und durch. Also bekomme ich die Fragen aller Fragen gestellt. Und ich beantworte sie mit einem festen und lauten „Ja", damit auch niemand sagen kann, ich hätte so gefiepst, man hätte mich nicht verstanden. Geschafft, ich hab's geschafft. Nun Jost, jetzt bist du an der Reihe. Na dann mal los.

Also wird dieselbe Frage auch Jost gestellt. „Wollen Sie Jost, Fiona zu Ihrer Frau nehmen?", und auch Jost antwortet mit einem „Ja". Zwar etwas leiser, er hatte wohl einen Kloss im Hals, aber jeder konnte ihn verstehen. „Somit erkläre ich Sie Kraft meines Amtes hiermit zu Mann und Frau....... Sie dürfen die Braut nun Küssen".

Träume ich oder sind wir jetzt wirklich verheiratet, ein Ehepaar? Aller Ballast fällt sekündlich von mir ab. Wir haben es geschafft. Wir sind jetzt Mann und Frau. Ich schaue einmal durch den Raum und blicke in ausschließlich zufriedene und glückliche Gesichter, teilweise muss sich der ein oder andere noch ein Tränchen verdrücken, das ist ein so wunderbares Gefühl, man ist wirklich einfach nur zutiefst zufrieden. Das hätte ich mir in meinen schönsten Träumen nicht so vorgestellt. Umwerfend.

Dann nur noch der Schriftkram, zuerst muss Jost in dem dicken buch des Standesbeamten unterschreiben, dann bin ich an der Reihe, danach folgen Piet und Hanna. Der Standesbeamte spricht noch ein paar wirklich nette Worte, man merkt, dass bei allen die Anspannung verflogen ist. Alle sind wirklich entspannter und lockerer. Die ganze Stimmung im Raum hat sich um 180 Grad gedreht.

Wir bekommen das Stammbuch, dass wir uns bereits bei der Hochzeitsterminvereinbarung ausgesucht hatten, ausgehändigt, dort ist bereits alles eingetragen, der

Standesbeamte unterschreibt noch und nun halte ich es in meinen Händen. Das Stammbuch, in dem die Hochzeit verzeichnet ist und in dem auch der Nachwuchs eingetragen werden wird. Ich finde das alles ungemein spannend. Nun wird es auch wieder etwas lauter, wie auf einem Jahrmarkt wird wild durcheinander geredet. Wir stellen uns in die Tür und alle kommen uns gratulieren. Natürlich zuerst meine Eltern und meine nun ja wirkliche Schwiegermutter, die mir sofort ins Ohr flüstert, dass ich sie ab sofort so nennen kann, wie ich es möchte. Und alle anderen gratulieren uns auch von Herzen. Dann gehen wir wieder den Flur entlang in den Eingangsbereich. Hier soll es ein kleines Glas Sekt geben und anschließend vollen wir zu Tina fahren und dort ein klein wenig zusammen sein, bevor wir dann am Abend mit allen feiern wollen.

34

Wir kommen in den Eingangsbereich des Rathauses und staunen nicht schlecht. Noch mehr Gratulanten erwarten uns. Es ist wirklich einfach überwältigend, richtig schön. Ich hätte nicht gedacht, dass sich so viele am Morgen frei nehmen würden, um direkt während oder nach der Trauung bei uns zu sein um uns zu gratulieren. Ich bekomme eine Gänsehaut. Piet, Hanna und Alex verschwinden kurz, Sekt wird ausgeschenkt und kaum drehe ich mich wieder um, stehen Piet und Alex schon mit einem gigantischen Tuch vor uns, dass an beiden Seiten mit Holzleisten gehalten wird. Auf dem Tuch ist ein riesiges rotes Herz gemalt und in eben diesem Herz sind unsere Namen, also Jost und Fiona geschrieben. Ist das schön. Ich merke, wie ich ganz rote und warme Wangen bekomme.

Natürlich ist das riesige „Banner", wie ich es jetzt mal einfach nenne, nicht einfach nur da, um schön auszusehen. Nein, Hanna und Piet haben sich überlegt, dass wir, das frisch vermählte Paar mit Nagelscheren dieses Herz ausschneiden müssen, jeder eine Hälfte. Hanna gibt jedem von uns besagte Nagelschere.

Ok, den Spaß machen wir doch glatt mit. Ich schneide ordentlich um das Herz herum, Jost metzelt. Schließlich treffen wir uns fast zeitgleich auf halber Strecke, ich liege etwas zurück, dass gebe ich gerne zu, aber dafür ist meine Hälfte auch ordentlich geschnitten und nicht gerissen und geratscht, es ähnelt wirklich dem Nagelscherenmassaker... Aber egal, wir haben unsere Aufgabe gelöst. Nun soll mich Jost auf den Arm nehmen und durch das Herz tragen. Da ich nicht gerade klein und auch nicht sehr zart beseitet bin, darf Jost noch unten das kleine Stück Stoff aufschneiden, damit er nicht wie ein Storch durchstaksen muss und eventuell noch mit mir als schwere Ladung hinten überkippt. Das wollen wir ja alle nicht sehen.

Also hüpfe ich mal mehr oder weniger galant auf Jost's Arm und ab geht's durch das Herztor. Und dahinter stehen noch mehr Freunde, die hatte ich vorher noch gar nicht gesehen. Das Bild von uns beiden muss so lustig ausgesehen haben, es wird herzhaft gelacht und auf die Schenkel geklatscht. Ich muss unwillkürlich mitlachen, weil ich mir absolut denken kann, wie beknackt das ausgesehen haben muss. Egal, wir haben's geschafft, das Spielchen haben wir doch mit links genommen.

Wir stehen alle zusammen, die ersten düsen schon ab, verabschieden sich mit den Worten „Wir freuen uns schon auf heute Abend". Wir uns auch!

Der kleine Rest, der noch bleibt, fährt mit zu Tina, um dort noch ein Sektchen zu trinken und ein wenig zu plauschen. Also alle wieder ab in die Autos.

Als wir aus dem Rathaus kommen, steht schon die Presse vor der Tür und möchte Bilder machen, für die Tageszeitung. Kein Problem, Make-up und Haare sitzen, es regnet nicht, warum nicht? Also werden wir ein paar Mal abgelichtet, sollen kurz erzählen, wie wir uns kennen gelernt haben und das war's dann auch schon.

Danke, gern geschehen. Die Bilder bekommen wir nach Haus geschickt. Sind bestimmt gut geworden, freu ich mich schon drauf.

So, nun aber los.

Nach 5 Minuten Fahrt sind wir angekommen. Die Küche ist echt toll hergerichtet, es gibt noch kleine Häppchen, die Sektkorken knallen erneut und aus dem Wohnzimmer hören wir „unser" Lied. Das Lied, das wir gehört haben, als wir uns zum ersten Mal privat getroffen haben. Natürlich müssen Jost und ich sofort ein Tänzchen aufs Parkett legen, das machen wir doch gerne. Ich muss sagen, im Moment geht es mir wirklich richtig gut. Der Stress und die Sorgen der letzten Wochen sind wie weggewischt, es ist wirklich einfach nur noch schön und entspannt.

Auch Jost schaut zufrieden und ruhig drein, ihm scheint auch alles gut gefallen zu haben, bisher. Die große Feier kommt ja noch, heut Abend im Hotel...

Langsam verabschieden sich auch die letzen Gäste, es war ein wirklich schöner Vormittag. Im Großen und Ganzen ist auch alles glatt gegangen. Auch wir bedanken uns bei Tina für den toll ausgerichteten After-Trauung-Empfang und dampfen ab. Wir dürfen ab 13 Uhr nämlich in unsere Suite....

35

Wir fahren schnell heim, ich ziehe mich um, wobei ich natürlich penibel schaue, dass ich meine Frisur nicht zerstöre. Also schnell in Jeans und Sweater geschlüpft, Taschen gepackt und weiter geht's auf die Autobahn. Diesmal habe ich keine beklemmenden Ängste, dass etwas dazwischen kommen könnte oder dergleichen. Das liegt wahrscheinlich daran, dass wir jetzt nicht mehr diesen Zeitdruck haben wie noch heut morgen. Ob wir eine halbe Stunde früher oder später im Hotel eintreffen, ist vollkommen egal. Also steuere ich ganz entspannt meinen roten Flitzer Richtung Hotel.
Wir kommen auch wirklich ohne jeglichen Zwischenfall durch und gehen zur Rezeption, um einzuchecken.

Wir hatten alles vorab bestellt. Es gibt in diesem Hotel 2 Suiten. Die eine ist die blaue Lagune, die andere heißt Safari. Den Namen entsprechend sind die Suiten dann auch eingerichtet. Da wir beide definitiv absolute Wasserfreunde sind, gab es keine Frage, die blaue Lagune sollte es für uns sein.

Wir stehen also an der Rezeption, ich nenne unseren Namen und was bekommen wir als Antwort? Richtig, es ist keine Suite für uns reserviert. Da ist es wieder, jetzt geht das schon wieder los. Das kann doch nicht die Möglichkeit sein. Es ist wie ein Schlag mitten ins Gesicht. Warum? Mannomatte, ich glaub, ich steh im Wald. In meinen Ohren piepst es, weil ich einfach wieder absolut wütend bin. Sind denn alle unfähig? Ich sage der netten Damen an der Rezeption, dass das nicht sein kann, ob sie einen Scherz mache, sie verneint. Da fällt Jost ein, dass eventuell der Name falsch gebucht wurde, er nennt den Nachnamen meiner Eltern und richtig, die Suite ist auf meine Eltern gebucht. Na ja, immerhin. Damit kann man leben. Wir sind erleichtert und man sieht auch der Rezeptionistin an, dass ihr ein Stein vom Herzen fällt.

„So, hier sind dann Ihre Schlüssel zur Safari-Suite", sagt sie und noch ehe sie weiter sprechen kann, fallen mir fast die Augen aus dem Kopf. Was hat sie da gerade gesagt? Safari-Suite? Ich falle ihr sofort ins Wort und sage, „Lagunen-Suite, Sie meinen die blaue Lagunen-Suite?!", „nein, nein, für Sie wurde die Safari-Suite reserviert, eine sehr gute Wahl. Die ...", „Halt!", rede ich ihr dazwischen, "Wir haben nicht die Safari-Suite reserviert, ich hasse Safari, wir haben ausdrücklich die blaue Lagune reserviert." Ich glaube, meine Stimme hat schon einen leichten Kreissägen-Unterton. Das ist doch ein Witz hier, oder? Wo um Himmels Willen sind die versteckten Kameras? Na? Das ist doch sicher wieder so ein Hochzeitsstreich. Ich drehe mich im Foyer um meine eigene Achse, schaue mir die bepflanzten Kübel blitzschnell genau an, schaue in jede Ecke, in jeden Winkel, aber nirgends ist etwas oder jemand mit einer Kamera versteckt. Also drehe ich mich schnell wieder zu der Dame hinter der Rezeption um. „In meinem Buch ist das Safari-Zimmer für sie reserviert, dass ist das, was hier steht...", „Ist die blaue Lagune denn noch frei?", rede ich ihr wieder dazwischen, „dann buchen Sie doch einfach um, dann sind wir doch alle zufrieden", sage ich. „Nein, bedaure, die blaue Lagune-Suite ist leider belegt. Hier haben Sie den Schlüssel für Ihre Safari-Suite. Gehen Sie den Gang links bis ganz zum Ende, dort nehmen Sie den Aufzug, fahren in die zweite Etage, verlassen den Aufzug rechts und auf der linken Seite befindet sich dann Ihre Safari-Suite, wir wünschen Ihnen einen angenehmen Aufenthalt", spricht sie und drückt Jost den Schlüssel in die Hand.

Ich schnappe nach Luft, wie ein Tonband, Widersprechen zwecklos.

Klasse, das ist ja mal wieder typisch. Brummelnd ziehen wir von dannen, wobei natürlich nur ich brumme, Jost ist die Ruhe selbst. Echt toll, Safari-Suite, bestimmt hängen und liegen da Felle oder Fellimitate rum, Leopardenlook, nachher noch ist ein Löwenkopf an der Wand, genau das, was keiner von uns wollte. Meine ganze gute Laune ist schon wieder hin. Der Weg ist total weit, bis zu der Suite, zumindest kommt er mir total lang vor.

Vor der Tür angekommen, die Wegbeschreibung stimmte glücklicherweise, öffnet Jost die Tür.

Aaaahhh, genau wie ich es mir gedacht hatte, alles Fellimitate, auf dem Boden, an der Wand und sogar auf dem Bett. Einzig cool sieht der Sessel aus, er ist mit einem Tigerfell bezogen, das sieht witzig aus, aber alles andere finde ich einfach nur furchtbar hässlich.

Ich drehe mich um, weil ich höre, dass der Fernseher angeschaltet ist, die summen ja immer so leise vor sich hin. Und was sehe ich da? Ganz richtig, einen herzlichen Willkommensgruss, allerdings mit dem Nachnamen meiner ELTERN, nicht mit unserem. Ich glaub, ich spinne. Wenigstens das hätte man doch eben schnell per PC abändern können, so schwer kann das doch nicht sein. Also, wäre ich in diesem Hotel beschäftigt und hätte ich an der Rezeption gestanden, ich hätte es schnell umgeändert. Aber das hat die Dame anscheinend nicht nötig.

Klasse, ich starre auf den Bildschirm, ziehe Jost am Arm und sage nur „Guck mal". Jost schüttelt mit dem Kopf und fängt an zu lachen, er findet mein Gesicht dazu wohl obendrein so komisch. Da muss auch ich lachen. Eigentlich ist das doch alles echt ein Witz. Na ja, später, wenn wir unseren Enkeln davon erzählen, ist das sicher eine tolle Story. Aber jetzt finde ich die ganze Situation eher einfach nur furchtbar.

Der schönste Tag im Leben, alles soll perfekt sein. Ist bei uns anscheinend wirklich eher alles nicht perfekt, oder?

Ich schaue mir das Safari-Zimmer mal genauer an und schlendere über die ganzen Felle ins Bad. Hui, wenigstens ist hier auch ein Whirlpool, hätte ja auch gut sein können, dass es passend zum Thema eine Dschungel-Dusche gibt oder so. Aber wenigstens das bleibt uns erspart. Also ist klar, gleich wird erstmal ein Vollbad im Whirlpool genommen, wenn schon, denn schon.

Aber vorher haben wir noch einen Termin mit unserem DJ. Der baut nämlich schon seine Anlage im Saal auf. Das dauert wohl immer einige Zeit. Bin ja mal gespannt. Also dackeln wir wieder die Gänge entlang zum Saal. Nino ist schon angekommen und hat fast das gesamte Equipment auf einem Haufen gestapelt. Sieht noch sehr wüst aus, aber das wird sicher noch.

Er begrüßt uns und schaut mich ganz entsetzt an „So willst Du doch wohl nicht zur Party heute Abend kommen, oder? Was hast du denn da an?". Meine Güte, als wenn ich den ganzen lieben langen Tag mit meinem Hochzeitsoutfit durch die Gegend laufen würde. Ich beschwichtige ihn, dass ich heut Abend pünktlich zum Fest mein Kleid anziehen würde.

Plumps macht es, Nino fällt sichtlich der dicke Brocken vom Herzen. Er muss schon vieles erlebt haben, geht mir durch den Kopf.

Er ist begeistert von dem Saal, der hätte eine ganz tolle Akustik, er hätte schon mehrere Partys in eben diesem mit Musik ausgerichtet. Na, da bin ich dann schon mal beruhigt, dann geht das wenigstens nicht in die Hose.

Nino fragt uns, ob einer von uns ein Handy dabei hätte. Wir haben natürlich beide unsere Handys dabei. Ich gebe ihm meine Nummer, er will anrufen, wenn es losgehen soll. Wir sollen nämlich so lange auf dem Zimmer bleiben, bis alle Gäste an ihren Tischen sitzen und dann unseren großen Auftritt haben. Er würde 3 Minuten, bevor er die Gäste so richtig anheizen würde, anrufen, damit wir in genau dem richtigen Moment auflaufen können. Das hört sich gut an. Eine tolle Idee, wie wir finden.

Also abgemacht, um etwa 19 Uhr wird mein Handy klingeln und dann werden wir loslaufen und alle erwarten uns. Nino will weiter aufbauen, wir verabschieden uns und laufen zurück in die Fell-Suite.

36

Angekommen! Jetzt geht's ab in den Whirlpool, genug Zeit für ein ausgiebiges Bad zu zweit haben wir allemal. Ein Erlebnis, endlich mal einen Whirlpool für uns allein zu haben, im Schwimmbad, wenn es denn überhaupt einen dort gibt, ist man ja meistens nicht allein. Aber hier, genial. Also raus aus den Klamotten. Ich schlendere schon mal ins Bad und lasse das Wasser ein. Es muss nämlich eine bestimmte Marke erreichen, damit man die Funktion Whirlpool überhaupt anschalten kann, und da die Wanne doch recht groß ist, kann das dauern. Einen Stöpsel gibt es nicht, dafür muss man an einem Rädchen drehen, ok, erledigt, gleich kann es losgehen, dann haben wir eventuell doch noch so ein bisschen blaue-Lagune-Feeling.

Ein paar Minuten später schaue ich in die Wanne, da tut sich nicht wirklich viel. Jost beschließt, dass wir hineinsteigen sollten, die Wanne fülle sich schon von allein.
Also steigen wir beide hinein. Das Wasser bedeckt gerade einmal den Boden der Wanne. Zitter-Bibber, unter einem entspannenden Whirlpool-Bad habe ich mir ehrlich gesagt etwas anderes vorgestellt.

Das Wasser läuft und läuft, aber die Wanne will sich einfach nicht füllen. Sehr seltsam, vielleicht ist der Abfluss ja nicht ganz verschlossen. Mal nachschauen und genau, das Wasser läuft weiter durch, kein Wunder, dass die Wanne nicht voll wird. Also noch mal am Rädchen gedreht. Wir warten immer noch, aber es tut sich immer noch nicht wirklich viel, das Wasser läuft zwar im Galopp, aber die Wanne wird nicht voller. Ich werde schon wieder sauer, meine Güte, dass ist doch nicht die Möglichkeit, das wir hier sitzen und nicht in der Lage sein sollen, den „Stöpsel" richtig zu verschließen. Toll, dann ist der Whirlpool wohl kaputt. Passt ja, klasse. Also steigen wir nach über einer halben Stunde in einer quasi leeren Wanne wieder hinaus und Jost geht duschen. Ich lass das lieber sein, denn durch die hohe Luftfeuchtigkeit in so einer Dusche kann ich nachher noch meine Frisur vergessen. Da habe ich auch keinen Nerv zu. Das würde mir gerade noch fehlen. Ich schaue im Spiegel, ob meine Schminkkünste noch ok sind oder ob ich noch ein wenig restaurieren muss. Sieht im Großen und Ganzen akzeptabel aus, aber ich ziehe noch mal den Lippenstift nach. Und ein bisschen Haarlack ist auch nicht verkehrt. Mittlerweile habe ich eine Art Helm auf dem Kopf. Meine Haare sind so hart, dass mir sicher nichts passieren würde, wenn ich vom Moped fallen würde. Egal, heute muss das so sein.

Jost ist auch fertig. Er schmeißt sich wieder in Schale, denn bald wird das Handy klingeln, unser großer Auftritt naht. Ich ziehe meinen Rock an, bei der Korsage brauche ich Hilfe. In diesem Falle von Jost. Fertig. Nochmals einen Blick in den Spiegel werfen, alles ok, alles an Ort und Stelle, nichts verrutscht. Auch bei Jost sitzt alles gut.

Punkt 19 Uhr, Jost und ich starren auf mein Handy. Eigentlich müssten alle Gäste schon da sein, denn wir wollen ja um 19 Uhr beginnen, um 19:30 soll das Essen eröffnet werden.

Fünf Minuten nach 7. Ich hüpfe schon wieder von dem einen Bein auf das nächste. Die Warterei ist definitiv nichts für mich und ich glaube, ich mache Jost mit meiner Hibbelei nur auch noch wahnsinnig.

Da kommt die erlösende Handymelodie. Wir gehen los, schnellen Schrittes den langen Gang entlang, durchs Foyer ab zum Aufzug. Zum Glück ist dieser auch da. Ich schaue auf die Uhr, perfekt, wir sind super in der Zeit.

Wir fahren hoch zum Saal. Die Lifttüren öffnen sich und wir schreiten im wahrsten Sinne des Wortes zum Saal.

Die Musik läuft schon, Moment mal, die Musik sollte doch erst losgehen, wenn wir über die Schwelle treten, da sind wir aber noch ein paar Schritte von entfernt. Na, egal. Alle stehen, wir treten ein, es gibt einen ohrenbetäubenden Applaus. Nino begrüßt uns mit seinem Mikrofon und heißt alle Gäste herzlich willkommen. Er erzählt noch eine Geschichte, die er wohl bei allen Hochzeiten vom Stapel lässt, zumindest hört es sich so an. Davon war auch keine Rede, aber das Mikro wegnehmen geht ja auch schlecht. Also müssen wir da durch. Laber Rababer... Ah, fertig. Nun dürfen uns alle gratulieren.

Eine ganz schön lange Schlange hat sich da gebildet. Hinter mir steht zum Glück der Geschenketisch, denn die bekommen wir jetzt auch von unseren Gästen ausgehändigt. Wow, was für eine Menge und so schöne Sachen dabei. Ich kann gar nicht mehr aufhören zu grinsen. Ich liebe Geschenke. Zwischendurch schaue ich zufrieden auf die Tischdeko, ist wirklich gut geworden. Die

Stoffblätter und der andere Kram, den wir gekauft haben, machen sich wirklich gut auf den Tischen. Und auch die Töpfe mit den Rosen sehen toll aus. In unserer Abwesenheit haben meine Ma und Hanna das wirklich toll gemacht. Eine gelungene Überraschung. Eigentlich wollte ich das ja auch noch selbst erledigen, aber das wäre wirklich zeitlich alles sehr knapp geworden. Also muss ich mich bei den beiden gleich erstmal bedanken, was ich dann auch tue. Ma findet es auch richtig gelungen und freut sich, dass ich zufrieden bin, auch Hanna findet alles hübsch gelungen.

Nachdem wir von allen beglückwünscht wurden, bedankt sich Jost über Mikrofon für das zahlreiche Kommen und eröffnet das Büffet. Mit 15 Minuten Verspätung geht es dann ans Eingemachte. Lecker lecker. Für jeden ist etwas dabei, ich muss sagen, dass wir kein vorgeschlagenes Büffet gewählt haben, war genau richtig. Wir haben es ja selbst zusammengestellt und das war wirklich die Beste Lösung für alle. Ich probiere mich durch alles durch. Zuerst natürlich die Vorspeisen, die ich absolut göttlich finde, dann die Hauptgerichte, auch alle richtig lecker und dann die himmlischen Nachtische. Also essenstechnisch gibt es rein gar nichts zu meckern. Alle Gäste scheinen zufrieden zu sein. Entspannt lehne ich mich zurück und lasse meine Blicke schweifen. Es läuft doch gut.

Nur die Musik ist wirklich nicht der Knaller. Nino spielt eher Seniorentanz-Lieder. Ich komme nicht umhin mich zu fragen, warum wir überhaupt bei ihm waren, um mit ihm den Abend und die Wunschlieder zu besprechen, wenn er nun das genaue Gegenteil abspielt. Ich denke, wenn man diesen Beruf ausübt und ein paar Lieder genannt bekommt, die der Klientel gefällt, dann suche ich doch drumherum passende weitere Lieder aus, damit das Ganze stimmig ist, oder liege ich da ganz falsch? Ich bin kein DJ, aber das wäre für mich logisch. Anscheinend denke ich aber falsch, denn jetzt wird umgestiegen auf Disco-Sound. Während alle noch an den Tischen sitzen und Essen, hallo? Nino hat Spaß für drei, er hüpft hinter seinem Pult herum und hält sich den Kopfhörer an ein Ohr. Na, wenigstens einer, der Spaß hat, denke ich.

Mein Arbeitskollege stapft zu Nino, das war wohl Gedankenübertragung. Die Musikrichtung wird gewechselt, wie schön. Danke!!!

Derweil sind wir fertig mit dem Essen und meine Ma fragt, wo wir denn so lange gewesen seinen. Wie? Wann? „Na, wir standen alle schon mindestens 5 Minuten und haben auf euch gewartet, das Eröffnungslied ist auch 4 Mal gelaufen, bis ihr endlich kamt", sagt meine Mutter. „Wie bitte?", schaue ich entsetzt und sauer, „wir sind sofort losgeeilt, als mein Handy schellte. Wir haben mit Nino ausgemacht, dass er 3 Minuten, BEVOR er mit dem Einzugslied anfängt, anruft und wir haben keine 2 Minuten hierher gebraucht", erkläre ich, „ aber ich hab mir so was schon gedacht, denn als wir aus dem Aufzug kamen, hab ich die Musik schon gehört und mich wirklich gefragt, warum die schon läuft". Klasse, echt, ich wusste es doch. „Ne, 4 Mal lief das schon, bis ihr endlich kamt, wir haben schon gedacht, ihr kommt gar nicht mehr" sagt meine Ma noch mal. Ich schüttle nur mit dem Kopf. Mehr fällt mir dazu nicht mehr ein. Pleiten Pech und Pannen, wirklich.

37

Nach einiger Zeit greift Nino wieder zu seinem Mikrofon. Endlich, er soll uns ja gut durch den Abend führen und langsam wurde es wirklich langweilig. Jost und ich müssen uns zu ihm gesellen. Jost's Freunde haben sich ein kleines Spiel ausgedacht. Ich hasse Spiele. Toll, wir haben ausdrücklich darum gebeten, bitte keine Spielchen zu veranstalten. Tja, jetzt müssen wir wohl oder übel da durch. Wir werden mitten auf der Tanzfläche auf Stühle gesetzt. Heinzi und Wolle kommen mit einem großen Holzkasten an. Was ist da bloß drin? Wir hören ein Grunzen, oh nein, bitte kein Schwein, geht es durch meinen Kopf. Der Kasten wird geöffnet und dort im Heu sitz ein Schwein, ein Sparschwein aus Porzellan. Puh, Glück gehabt. Mir fällt wirklich ein Stein vom Herzen. Was hätten wir mit einem lebendigen Schwein auch machen sollen?

Heinzi und Wolle stellen sich vor uns und erzählen abwechselnd, was man als jung vermähltes Paar alles so braucht. „Ja, jetzt braucht ihr vor allem Kohle", sagt Heinzi und überreicht mir einen Plastikbeutel mit Kohle darin, „ und Schotter", sagt Wolle, und gibt Jost einen Beutel voll Schotter. So geht es noch mit Moos, Kies, Möpsen und so weiter fort, bis wir schon gar nicht mehr wissen, wohin mit den ganzen Tüten. Ich muss am Ende richtig lachen, denn diese Idee war wirklich toll. Und zugleich bin ich auch total erleichtert, dass wir nichts machen mussten, außer Tüten entgegenzunehmen und zuzuhören. Hut ab, das war wirklich ein schönes „Spiel". Wir bedanken uns, wollen aufstehen, müssen aber noch sitzen bleiben. Mein Paps erhebt sich, oh je, was kommt jetzt?

Er redet eine kurze, aber wunderschöne Rede. Mir kommen fast die Tränen, so schön sind seine Worte. Ich hoffe nur, dass jemand diesen tollen Moment gefilmt hat. Denn er hat sie so schön vorgetragen, perfekt. Ich hätte das in seiner Situation weiß Gott nicht geschafft, so emotional. Wow, wirklich toll. Ich stehe auf, laufe zu ihm und umarme ihn ganz fest. Das ist mein Papa! Ich bedanke mich noch mal bei ihm und dann geht es auch schon wieter.

Nino zitiert mich zurück. Die Stühle sind von der Tanzfläche geräumt, der Eröffnungstanz folgt. Davor hat es Jost am meisten gegrault. Mir nicht, ich habe mich riesig gefreut, ich kann nämlich tanzen. Jost nicht und er wollte im Vorfeld partout nicht, dass ich ihm ein paar Schritte beibringe, damit wir richtig schön über die Tanzfläche fliegen können. Ich bin mit ganz viel Elan dabei, ich liebe es, zu tanzen. Leider werde ich absolut ausgebremst, von Jost. Der bekommt keinen einzigen Schritt auf die Reihe. Ich versuche ihn mitzuziehen, aber er lässt mich nicht. Toll, echt. Das muss so was von bescheuert aussehen, Fiona fetzt los und versucht es immer wieder und Jost steht auf der Bremse. Hoffentlich wird gleich abgeklatscht.

Nino sieht das Desaster und ruft per Mikro zum Abklatschen auf. Jetzt kommt mein Paps, Jost tanzt mit seiner Mutter. Mein Pa bemüht sich sichtlich, etwas besser bekommt er es auch hin, aber nicht wirklich viel besser. Ich befürchte, es sieht auch wieder sehr abgehakt aus. Und dann wird kommt ein Arbeitskollege von mir, der fetzt richtig los. Toll, endlich jemand, der tatsächlich tanzen kann. Das macht Spaß. Bevor es weitergeht, soll jetzt der Schleiertanz stattfinden. Ich habe zwar keinen Schleier, aber der Schleiertanz gehört nun mal zu jeder Hochzeitsfeier dazu. Alle großen Männer und Frauen werden von Nino aufgerufen, um ein Tuch, das meine Ma schnell bringt, über Jost und mich zu halten. Schön, dann nochmal mit ihm das Tanzbein schwingen. Musik ab, Jost und ich schunkeln los. Aber nicht lang, denn schon wird wieder abgeklatscht. Natürlich muss vorher „eingezahlt" werden. Es wird fast im Minutentakt abgeklatscht. Ich glaube, ich tanze heute mit allen Männern. Ich werde herumgewirbelt, das ist was für mich, das macht richtig Spaß. Nach einer für mich viel zu kurzen Zeit ist der Schleiertanz zu Ende und die Party kann richtig losgehen. Ich bin jetzt richtig in Tanzlaune und gehe auch gar nicht mehr von der Tanzfläche. Wir tanzen bis um Mitternacht. Dann kommt die Torte, die Netti freundlicherweise für uns besorgt hat. Sie sieht toll aus. Nino fordert mich auf, die Torte anzuschneiden und möchte dann, dass sich alle Gäste ein Stück holen. Jost und ich sollen noch einmal Tanzen. Aber vorher soll ich meinen Brautstrauß werfen. Alle Frauen versammeln sich auf der Tanzfläche, Nino spielt einen Tusch und ich werfe den Strauß über meine Schulter. Er wird auch gefangen, von Desiree, einer Arbeitskollegin von mir. Es muss heiß hergegangen sein, ein Kopf an Kopf Rennen zwischen Desiree und Aisha, meinen beiden Arbeitskolleginnen. Aber Desiree war wohl die schnellere von beiden. Ich rufe ihr ein „Herzliches Glückwunsch, wann sind wir bei dir eingeladen" zu und dann wende ich mich wieder Nino zu.

Der möchte jetzt aber den Tanz der Brautstraußfängerin mit dem Bräutigam vorziehen. Von mir aus, kein Problem. Also tanzen Jost und Desiree jetzt zu UNSEREM Lied. Hallo? Geht's noch? Also, so langsam aber sicher könnte ich Nino wirklich in die Luft jagen, der hat sie doch nicht mehr alle stramm. Jost sieht meinen Gesichtsausdruck und geht sofort zu Nino. Ich meine, immerhin haben wir vor geraumer Zeit ziemlich viel Zeit in seinem Laden verbracht, um die Liederauswahl zu besprechen und dann so was?!? Ich kann es echt nicht begreifen. Hier kommt ein Klops nach dem anderen von diesem dollen DJ. Nino wechselt den Song und Jost und Desiree tanzen nochmals von vorn los. Am liebsten würd ich Nino jetzt mal meine Meinung geigen, aber nachher bricht er hier alles ab, dass will ich ja auch nicht, sauer bin ich aber wirklich. Bisher hat er noch kein einziges Lied von denen gespielt, die wir ausgesucht haben, bis jetzt gerade eben UNSER Lied, genau dann, wenn Jost mit der falschen Frau tanzt. Das ist doch echt ein schlechter Scherz.

Endlich sind Jost und Desiree fertig.

Nun tanzen Jost und ich noch mal und endlich einmal zu unserem Lied, alle stehen um uns versammelt mit kleinen Leuchtstäben in den Händen. Das Licht wird erst gedämmt und dann komplett ausgeschaltet. Wir tanzen inmitten all unserer Gäste. Um uns herum blitzen und blinken die Leuchtstäbe um die wette, das sieht wirklich wunderschön aus. Nun, immerhin bekommt Nino ein paar Effekte gut hin. Ich bin jedenfalls erstmal wieder besänftigt und genieße diesen schönen Moment. Wie tausend bunte Leuchtwürmchen, die um uns herumschwirren.

Als das Lied zu Ende ist, wird das Licht langsam wieder angeschaltet und nun endlich wird die Torte angeschnitten, von Jost und mir zusammen. Alle bekommen ein oder mehrere Stücke Hochzeitstorte. Wirklich lecker, muss ich sagen.

Kurze Zeit später lichtet sich der Saal immer mehr. Nino spielt Tanzmusik, aber eigentlich bleibt die Tanzfläche so gut wie leer. Es ist auch schon spät. Bald sind nur noch wir und die Gäste, die ebenfalls im Hotel übernachten da. Ich gehe zu Nino, denn ich muss ihn noch bezahlen. Er nennt mir den Betrag, ich gebe ihm das Geld in bar. Er schaut mich komisch an und sagt „und was ist mit Trinkgeld?", „wie Trinkgeld?", entgegne ich ihm, was soll das denn jetzt? Erst spielt er am gesamten Abend nur ein einziges Lied von denen, die wir ausgesucht haben, man muss ihm sagen, das er mal was fetzigeres spielen soll, dann spielt er das wichtigste Lied an der völlig falschen Stelle und jetzt auch noch frech werden? „Du hast doch hier gut gegessen und getrunken Nino, oder nicht?" frage ich ihn. „Ja, hab ich" antwortet er, „tja, siehst Du, warum soll ich dir dann noch Trinkgeld obendrauf zahlen?", frage ich. Er murmelt sich etwas in seinen nicht vorhandenen Bart, steckt das Geld ein und bedankt sich. Ich bedanke mich auch und dann beginnt Nino, sein Equipment abzubauen.

Also wirklich, auch noch frech werden...

38

Ich bin müde. Ich schaue mich um und sehe in lauter müde Gesichter. Es wird Zeit, auf die Zimmer zu gehen. Wir sehen uns in ein paar Stunden ja bereits wieder zum gemeinsamen Frühstück. Also schleichen wir alle mehr oder weniger schnell über die leeren Hotelgänge zu unseren Zimmern. Ma, Pa und Tina kommen noch kurz mit in unsere Safari-Suite. Sie finden sie gar nicht so schlimm. Aber sie müssen ja auch nicht auf Fellen schlafen. Uarg.

Wir stoßen noch mit einem Sekt auf den mehr oder weniger gelungen Tag an. Wir haben alles gut über die Bühne gebracht, das muss man sagen. Ich lasse mir von Ma die Haarnadeln aus meinem Haar fummeln und versuche dann, meine Haare auszubürsten. Kann ich aber vergessen. Ich denke, ohne Haare waschen ist da nichts mehr zu machen, da ist soviel Haarlack ultra mega super strong drin, dass ich mir eher die Haare büschelweise ausreiße, als alles andere. Also lege ich mich gleich mit Helmfrisur ins Safari-Bett, vielleicht auch gar nicht mal so verkehrt.

Ma, Pa und Tina verabschieden sich dann auch und verlassen unsere Suite, um in ihre Betten zu schlüpfen.

Jost hilft mir aus meiner Korsage. Wir schauen uns an und lächeln. Jost fragt mich „Und Schatz, wie hat Dir der Tag gefallen?", ich schüttle mit dem Kopf, fange an zu lachen...

Nachwort

Ich danke allen, die immer an mich geglaubt und mich
unterstützt haben.
Meinem Mann, der sich immer alles durchlesen musste,
meinen lieben Eltern, denen ich mit meinem Hirnge-
spinst, schreiben zu wollen, sicher auch schlaflose
Nächste bereitet habe, die mich aber trotzdem ermuntern
haben, es einfach mal zu versuchen und meiner kleinen
Tochter, die zeitweise wirklich allein spielen musste, weil
mir gerade wieder etwas eingefallen war und ich schnell
zum PC hetzen musste, um es niederzuschreiben.

Selbstverständlich sind alle Ähnlichkeiten und Überein-
stimmungen
mit lebenden oder aber auch verstorbenen Personen reiner Zufall.

DANKE

Und vielleicht bis bald, …

…   das Leben des frisch gebackenen Ehepaares geht
natürlich weiter…